LEI GERAL DE PROTEÇÃO DE DADOS PESSOAIS (LGPD)

Lara Rocha Garcia
Edson Aguilera-Fernandes
Rafael Augusto Moreno Gonçalves
Marcos Ribeiro Pereira-Barretto

LEI GERAL DE PROTEÇÃO DE DADOS PESSOAIS (LGPD)

Guia de implantação

Lei Geral de Proteção de Dados Pessoais (LGPD): guia de implantação

Lara Rocha Garcia, Edson Aguilera-Fernandes, Rafael Augusto Moreno Gonçalves e Marcos Ribeiro Pereira-Barretto

© 2020 Editora Edgard Blücher Ltda.

Imagem da capa: iStockphoto

Blucher

Rua Pedroso Alvarenga, 1245, 4º andar
04531-934 – São Paulo – SP – Brasil
Tel.: 55 11 3078-5366
contato@blucher.com.br
www.blucher.com.br

Segundo Novo Acordo Ortográfico, conforme 5. ed. do *Vocabulário Ortográfico da Língua Portuguesa*, Academia Brasileira de Letras, março de 2009.

É proibida a reprodução total ou parcial por quaisquer meios sem autorização escrita da editora.

Todos os direitos reservados pela Editora Edgard Blücher Ltda.

Dados Internacionais de Catalogação na Publicação (CIP)
Angélica Ilacqua CRB-8/7057

Garcia, Lara Rocha
  Lei Geral de Proteção de Dados Pessoais (LGPD) : guia de implantação / Lara Rocha Garcia ; Edson Aguilera-Fernandes ; Rafael Augusto Moreno Gonçalves ; Marcos Ribeiro Pereira-Barretto. – São Paulo : Blucher, 2020.
  128 p.

  Bibliografia
  ISBN 978-65-5506-017-1 (impresso)
  ISBN 978-65-5506-016-4 (eletrônico)

  1. Internet (Redes de computação) – Legislação – Brasil. 2. Direito à privacidade. I. Título. II. Aguilera-Fernandes, Edson III. Gonçalves, Rafael Augusto Moreno. IV. Pereira-Barretto, Marcos Ribeiro.

20-0387

CDD 340.13(81)(094)
CDU 34:004.738.5

Índices para catálogo sistemático:
1. Internet (Redes de computação) : Legislação : Brasil

APRESENTAÇÃO DA SÉRIE VANZOLINI

No final da década de 1960, a demanda e a exigência por profissionais especializados em Administração Industrial e Engenharia de Produção aumentaram. Os cursos superiores não eram suficientes para atender ao mercado de trabalho em expansão da época. Foi nesse contexto que, em 31 de março de 1967, um grupo de professores do Departamento de Engenharia de Produção da Escola Politécnica da Universidade de São Paulo (EPUSP), liderado pelo Prof. Ruy Aguiar da Silva Leme, criou a Fundação Carlos Alberto Vanzolini (FCAV).

A FCAV é uma instituição privada, sem fins lucrativos, criada, mantida e gerida pelos professores do Departamento de Engenharia de Produção da EPUSP. A instituição tem como objetivo principal desenvolver e disseminar conhecimentos científicos e tecnológicos essenciais à engenharia de produção, à administração industrial, à gestão de operações e às demais atividades relacionadas que realiza com total caráter inovador.

Ao longo dos anos, a FCAV consolidou-se como um importante órgão de disseminação da Engenharia de Produção, tendo, inclusive, passado a ministrar cursos de especialização para a capacitação de profissionais, em convênio com a EPUSP. A atuação da FCAV foi além do campo da educação continuada, para crescer em áreas como certificação, gestão de tecnologias em educação e projetos, nas quais tornou-se um grande centro de referência. A cibersegurança e a proteção de dados são áreas em que a FCAV também atua, com o enfoque amplo que traz a visão como sistema de gestão.

A Série Vanzolini foi criada em conjunto com a editora Blucher para ampliar a disseminação de conhecimentos nas áreas de atuação da FCAV. A editora Blucher tem um grande acervo publicado por docentes da EPUSP e nada mais natural que agora fosse também a casa publicadora da Série Vanzolini.

PREFÁCIO

A universalização do acesso à internet e o estabelecimento de redes globais de comunicação de dados trouxeram consigo o surgimento dos problemas de ciberse-gurança. Antes restritos aos antigos *mainframes* e às redes locais com atores internos às empresas, os acessos indesejados aos dados das empresas e ou sob sua guarda pas-saram a ser comuns, oriundos também de atores externos e desconhecidos. Um fator relevante é a ocorrência desses ataques de forma extemporânea, com frequência ele-vada e com um grau de dano às vezes extremamente relevante.

A reação a esses eventos adversos iniciou-se pela remediação, buscando elimi-nar as brechas que permitiram os acessos indesejados e a construção de barreiras de acesso para impedir essas intrusões. Com o tempo, percebeu-se que essas medidas eram meramente paliativas e que o inimigo oculto contava com inúmeros cérebros altamente capacitados buscando uma oportunidade para prejudicar organizações ou pessoas para obter vantagens indevidas. A cada momento, eram necessárias novas medidas para fechar brechas, consertar estragos e defender-se de ataques internos e externos cada vez mais criativos. Além disso, falhas humanas sempre deixavam os sis-temas existentes vulneráveis, seja por erros de concepção ou erros de operação.

A solução foi encontrada na experiência da indústria, que há muito tempo desco-briu que não adiantava só corrigir os problemas de qualidade que aconteciam. Dadas as complexidade e aleatoriedade das múltiplas causas e fatores envolvidos, era preciso evitar que os problemas acontecessem em vez da simples e improdutiva correção de erros. Essa mentalidade de prevenção deu origem ao Movimento da Qualidade Total e aos sistemas de gestão da qualidade, conceitos que logo foram adotados na gestão de impactos ambientais, saúde e segurança ocupacional, responsabilidade social corpo-rativa, segurança alimentar dentre outras. O tratamento dessa situação complexa na cibersegurança demanda a adoção de novas estratégias e metodologias incorporando o que de melhor existe no conhecimento acumulado em sistemas de gestão.

Este livro trata da implantação e adequação de empresas à Lei Geral de Proteção de Dados Pessoais (LGPD, Lei n. 13.709/2018) dentro do conceito de sistema de gestão envolvendo a empresa como um todo. Inclui a definição de políticas e responsabilidades. Trata ainda do mapeamento e elaboração dos processos e procedimentos pertinentes, identificando os pontos críticos de controle, medindo resultados com o uso de indicadores, capacitação dos envolvidos. Usa a auditoria interna, ação preventiva e corretiva e melhoria contínua no consagrado ciclo PDCA (*plan, do, check, act*) da Qualidade. A metodologia proposta pelos autores, denominada BEST (*Business Engaged Security Transformation*) é baseada na visão sistêmica para a implantação de sistemas de gestão de cibersegurança focando na mudança da cultura organizacional. Vale a pena ressaltar que uma contribuição importante deste trabalho é a análise criteriosa da LGPD definindo-se os controles da metodologia BEST necessários para atender aos requisitos da lei.

O roteiro de implantação aqui colocado é inovador para o setor, incorporando os conceitos de sistema de gestão já consolidados na indústria, com visão sistêmica, conceitos de HACCP (*hazard analysis and critical control point*) e trabalho em equipe.

Diferente dos demais trabalhos atualmente disponíveis trata não só sobre *o que fazer*, mas em *como fazer* e está escrito num grau de detalhe suficiente para sua aplicação. Recomendo a leitura não só como referência bibliográfica, mas como manual de implantação.

Prof. Dr. José Joaquim A. Ferreira
Departamento de Engenharia de Produção
da Escola Politécnica da Universidade de São Paulo

CONTEÚDO

INTRODUÇÃO 13

1. SOBRE A LGPD 15

    1.1 Capítulo I da LGPD 16

    1.2 Capítulo II da LGPD 19

    1.3 Capítulo III da LGPD 20

    1.4 Capítulo IV da LGPD 21

    1.5 Capítulo V da LGPD 21

    1.6 Capítulo VI da LGPD 22

    1.7 Capítulo VII da LGPD 22

    1.8 Capítulos VIII e IX da LGPD 23

2. METODOLOGIA BEST 25

    2.1 Elementos da metodologia BEST 26

        2.1.1 Princípios da metodologia BEST 26

        2.1.2 Cultura de Cibersegurança 27

        2.1.3 Método Ágil 28

        2.1.4 Modelo de Ondas 29

2.1.5 Dimensões 29

2.1.6 Requisitos e Controles 30

2.1.7 Entregáveis 31

2.1.8 Resultados 31

2.1.9 Acompanhamento 32

2.2 Programas de Transformação 33

2.2.1 PG00 – Gestão de Cibersegurança 34

2.2.2 PG01 – Gestão de Identidade 35

2.2.3 PG02 – Execução Segura 36

2.2.4 PG03 – Continuidade de Negócios 37

2.2.5 PG04 – Desenvolvimento Seguro 38

2.2.6 PG05 – CI-CD Seguros 39

2.2.7 PG06 – Informações Protegidas 39

2.2.8 PG07 – Gestão de Terceiros 40

2.2.9 PG08 – Atitudes Seguras 41

2.2.10 PG09 – Gestão de Incidentes 42

2.2.11 PG10 – Segurança Física 43

2.2.12 PG11 – Gestão de Ativos 43

3. CONTROLES PARA A IMPLANTAÇÃO DA LGPD 45

3.1 PG00 – Programa de Gestão de Cibersegurança e Segurança da Informação 46

3.1.1 GC0.1. – Estruturação do Sistema de Gestão de Cibersegurança e Segurança da Informação 47

3.1.2 GC0.2. – Implantação do Sistema de Gestão de Cibersegurança e Segurança da Informação 49

3.1.3 GC0.3. – Manutenção do Sistema de Gestão de Cibersegurança e Segurança da Informação 50

3.1.4 GC0.4. – Execução do Sistema de Gestão de Cibersegurança e Segurança da Informação 51

3.2 PG06 – Programa de Informações Protegidas 52

    3.2.1 GC6.1. – Gerenciar Requisitos para Informações Protegidas 53

    3.2.2 GC6.2. – Captura da Informação... 59

    3.2.3 GC6.3. – Avaliação da Informação 63

    3.2.4 GC6.4. – Acesso à Informação 64

    3.2.5 GC6.5. – Remoção da Informação 67

    3.2.6 GC6.6. – Tratamento Ético 69

    3.2.7 GC6.7. – Acesso a Mídia de Armazenamento...................................... 77

    3.2.8 GC6.8. – Auditoria de Segurança e Privacidade.................................. 77

    3.2.9 GC6.9. – Atendimento de Solicitações.. 78

    3.2.10 GC6.10. – Comunicação de Incidentes 81

3.3 PG03 – Programa de Continuidade de Negócios 82

    3.3.1 GC3.1. – *Backup*... 82

3.4 PG08 – Programa de Atitudes Seguras 83

    3.4.1 GC8.2. – Treinamento 83

4. LEI GERAL DE PROTEÇÃO DE DADOS PESSOAIS (LGPD) 85

REFERÊNCIAS 125

INTRODUÇÃO

A privacidade digital é uma recente demanda da sociedade. Assim como a privacidade física, no lar ou em conversas reservadas, é um valor essencial, também a privacidade digital se tornou um desejo da sociedade moderna.

A privacidade já é uma garantia constitucional reafirmada em mecanismos legais de proteção, com destaque para o Marco Civil da Internet (Lei n. 12.965/2014) e a Lei do Consumidor (Lei n. 8.078/1990). Entretanto, é importante notar que privacidade se distingue de proteção de dados, e que mesmo um dado público deve ser protegido. É nesse contexto que, em 2018, foi criada a Lei Geral de Proteção de Dados Pessoais (a LGPD, Lei n. 13.709/2018), que estabelece uma estrutura legal com foco específico na proteção de dados. A LGPD inclui a criação da Autoridade Nacional de Proteção de Dados (ANPD) e do Conselho Nacional de Proteção de Dados Pessoais e da Privacidade (CNPDPP), estruturas ligadas à presidência da República e exclusivamente dedicadas ao tema.

A LGPD vem sendo debatida e discutida em muitos fóruns, mesmo antes de sua promulgação. Suas implicações devem ainda ser discutidas e, sobretudo, experimentadas para que se tornem um valor efetivo da sociedade. Muitos de seus aspectos serão, certamente, discutidos em todas as instâncias jurídicas, até o Supremo Tribunal Federal (STF), a fim de que o entendimento da lei se consolide.

As discussões sobre a lei, em sua grande maioria, concentram-se na esfera jurídica e, de modo geral, tratam somente de aspectos gerais e conceituais. Mas a pergunta que está na cabeça de todos aqueles que estão na linha de frente das empresas é: o que fazer para atender à LGPD? Foi com o objetivo de oferecer respostas práticas a essa questão que este livro foi escrito. Um time de advogados e engenheiros, com experiências variadas, se reuniu em torno do tema. O resultado é esta publicação, com uma visão prática voltada para a implantação da lei. O Capítulo 1, portanto, apresenta de forma simplificada e resumida o conteúdo da LGPD, com o intuito de servir de apoio básico ao entendimento das necessidades impostas por ela.

De partida, entende-se que é preciso ter um sistema de gestão que, permanentemente, engaje toda a empresa na mesma visão da privacidade de dados. A experiência que o mundo tem vivido desde os anos 1990, com a implantação dos sistemas de gestão da qualidade, mostra um caminho que já foi trilhado com sucesso. A gestão da qualidade permitiu o surgimento de produtos com a qualidade assegurada, e, ainda que não houvesse a certificação, seria real e sistemática a busca de níveis cada vez mais elevados de qualidade. O mundo em que vivemos hoje foi fortemente transformado por conta da visão da qualidade.

Nesta publicação, adota-se como ponto de partida a estruturação de um sistema de gestão de cibersegurança e privacidade de dados. O Capítulo 2 apresenta uma visão geral da metodologia proposta, que se apoia essencialmente em um sistema de gestão. Note-se que a proposta vai além do que é exigido pela LGPD, envolvendo os aspectos de cibersegurança que completam a visão holística do problema. Mas, neste livro, apenas os aspectos ligados à LGPD são discutidos.

Com essa visão, retira-se de uma pessoa específica (como o *data protection officer*, DPO, ou qualquer outra) a responsabilidade exclusiva pelo atendimento à LGPD: atender à lei passa a ser um objetivo de toda a empresa, compartilhado em todos os seus âmbitos.

Um ponto essencial na estruturação de um sistema de gestão de cibersegurança e privacidade de dados é a identificação dos pontos de controle. Para determiná-los, os autores analisaram a LGPD artigo por artigo e chegaram a cerca de 30 controles a serem implantados. Estes controles estão apresentados nos Capítulos 3 e 4. No Capítulo 3, cada controle é discutido, e os artigos da LGPD relacionados são listados. Já no Capítulo 4, a LGPD é apresentada e são identificados quais controles se aplicam a cada artigo, permitindo assim a referência cruzada LGPD × Controle.

Os controles não excluem a necessidade de uma análise jurídica dos aspectos específicos a cada empresa, já que existe uma grande diversidade de situações, particularidades de mercados e até mesmo regulações específicas que podem se aplicar a diferentes empresas. Isso sem contar, é claro, o apetite pelo risco, que pode ser distinto em cada situação.

Dessa forma, o caráter singular desta publicação está em contribuir para uma visão sistemática e operacional que auxilie as empresas no atendimento de longo prazo aos requisitos da LGPD. Inclusive, estabelecendo as bases para realização dos ajustes que, espera-se, sejam gradualmente propostos pela ANPD frente às demandas de negócio dos diferentes setores econômicos afetados pela lei, incluindo também aqueles decorrentes de questões tecnológicas em constante evolução.

CAPÍTULO 1
SOBRE A LGPD

A Lei Geral de Proteção de Dados Pessoais (LGPD, Lei n. 13.709/2018), ainda em *vacatio legis*,[1] tem causado tumulto. Afinal, para quê serve? Inspirada na lei europeia de proteção de dados, conhecida como *General Data Protection Regulation* (GDPR),[2] a LGPD tem como objetivo proteger dados pessoais de pessoas naturais, ou seja, pessoas físicas. Este é o primeiro ponto: a LGPD não tem como escopo os dados das empresas (pessoas jurídicas), mas sim os dados que as empresas têm das pessoas físicas, sejam elas funcionárias, terceiras, clientes, acionistas etc. – ou seja, todo mundo.

A lei, criada em 14 de agosto de 2018, tem 65 artigos e foi alterada pela Medida Provisória 869/2018 e pela Lei n. 13.853/2019. Embora seja a legislação mais recente e mais específica, não é a única lei que rege a privacidade. Esse tema já havia sido tratado em alguns outros lugares antes, como: a Constituição Federal, o Marco Civil da Internet,[3] o Código de Defesa do Consumidor,[4] a Lei de Acesso à Informação,[5] a Lei do Habeas Data[6] e o Decreto do Comércio Eletrônico.[7]

Exatamente por ser a mais específica e exclusiva sobre o tema é que a LGPD tem principal relevância e inova ao criar sanções direcionadas, além de uma governança que inclui um novo órgão da presidência da República. Qualquer empresa, organiza-

---

1 *Vacatio legis*: termo em latim que significa vacância da lei, ou seja, o tempo entre a promulgação da lei e sua entrada em vigor.

2 Regulation (EU) 2016/679. O texto original está disponível em: https://gdpr-info.eu/.

3 Lei n. 12.965/2014.

4 Lei n. 8.078/1990.

5 Lei n. 12.527/2011.

6 Decreto n. 7.962/2013.

7 Lei n. 9.507/1997.

ção, instituição pública ou privada que coleta ou que utiliza dados de pessoas físicas precisa se adaptar a ela até 2020.[8] Por uma questão de simplificação, neste volume chamaremos tais empresas e instituições públicas ou privadas de "Organização".

Para que possa ser mais bem compreendida no contexto do livro, as próximas seções detalharão os principais pontos de cada um dos capítulos da lei.

1.1 CAPÍTULO I DA LGPD

O Capítulo I da LGPD fala sobre as disposições gerais da lei. Neste capítulo, estão os fundamentos e a apresentação do escopo dela, as definições de cada um dos novos termos e os princípios aplicáveis. Na condição de capítulo introdutório, sua principal função é nivelar o vocabulário e definir a natureza dos conceitos abordados.

Antes mesmo de apresentar os conceitos, a lei se preocupa em definir claramente seu objetivo e escopo de atuação. Já no artigo 1º,[9] esclarece que pretende proteger direitos fundamentais como liberdade, privacidade e direito ao desenvolvimento de pessoas naturais, que sejam feridos por outra pessoa natural ou mesmo por pessoa jurídica. Todo esse esforço tem o intuito de não deixar dúvida de que se está falando de todo e qualquer sistema que utilize o dado de uma pessoa natural. Desse artigo inicial já se depreende que os dados de pessoas jurídicas não estão no escopo da lei, como dissemos no item anterior.

A lei reserva um artigo[10] para excluir itens de seu escopo, deixando claro que não estão sujeitos a ela os dados tratados por uma pessoa natural sem qualquer finalidade econômica, aqueles utilizados para fins artísticos, jornalísticos e acadêmicos. Ou, ainda, para fins de segurança pública, defesa nacional, segurança do Estado e atividades de investigação e repressão a infrações penais – nesses casos, haverá legislação específica sobre o assunto e o banco de dados não poderá ser utilizado por empresa privada.

Ela também exclui os dados que tenham origem fora do território nacional, desde que não haja nenhum compartilhamento, tratamento ou transferência no Brasil.

Os fundamentos da disciplina de proteção de dados são descritos no artigo 2º[11] e têm grande importância na estrutura da lei. É nesse artigo que se defende o *éthos* da lei,

---

8   Esta foi a proposta inicial do legislador. No entanto, em janeiro de 2020, havia um projeto de lei propondo adiamento.

9   *In verbis*: "Art. 1º Esta Lei dispõe sobre o tratamento de dados pessoais, inclusive nos meios digitais, por pessoa natural ou por pessoa jurídica de direito público ou privado, com o objetivo de proteger os direitos fundamentais de liberdade e de privacidade e o livre desenvolvimento da personalidade da pessoa natural".

10 Artigo 4º.

11 *In verbis*: "Art. 2º A disciplina da proteção de dados pessoais tem como fundamentos: I – o respeito à privacidade; II – a autodeterminação informativa; III – a liberdade de expressão, de informação, de comunicação e de opinião; IV – a inviolabilidade da intimidade, da honra e da imagem; V – o desenvolvimento

Sobre a LGPD

ou seja, o que não se pode perder de vista ao interpretar a lei. Dessa forma, qualquer interpretação que porventura venha a ferir tais fundamentos se torna inadequada.

Neste 2º artigo da lei, o primeiro fundamento é a privacidade. É importante destacar que proteção de dados e privacidade são questões diferentes. Por exemplo, se uma pessoa publicar um dado em sua página pessoal numa rede social, ele se torna público. Entretanto, isso não significa que esse dado pode ser utilizado indiscriminadamente. Aquele que vier a utilizá-lo, deve respeitar os direitos do Titular do dado, previstos na LGPD. Tais dados, portanto, não estão sob a égide do princípio constitucional da privacidade, mas sim sob o escopo da proteção de dados.

O segundo fundamento é o da autodeterminação informativa, cujo significado está em garantir que o Titular tenha o direito de decidir o que será feito com a sua informação, em saber quais dados as Organizações possuem, como elas os utilizam e se ele quer que seu dado esteja com elas, quer seja utilizado ou não. Em outras palavras, de acordo com esse fundamento, cada pessoa natural determina como sua informação pode (e se vai) ser utilizada.

Também são fundamentos a liberdade de expressão, informação, comunicação e opinião, bem como a inviolabilidade da intimidade, honra e imagem. Os direitos humanos, o livre desenvolvimento da personalidade, a dignidade da pessoa humana e o exercício da cidadania, todos previstos constitucionalmente, são repetidos aqui com o intuito de reforçar sua aplicabilidade.

Há outros fundamentos que não são individuais, mas endereçados à sociedade e ao desenvolvimento nacional. São eles: o desenvolvimento econômico e tecnológico e a inovação, a livre iniciativa, a livre concorrência e a defesa do consumidor.

Nestes casos, a interpretação cabível é o reconhecimento do legislador da importância dos dados na sociedade da informação e do conhecimento. Embora o dado isolado não agregue valor, ele é fundamental quando analisado conjuntamente, em um contexto, com objetivos e finalidades. Assim, o dado passa a ser informação capaz de ser suporte para a tomada de decisões sociais, políticas e econômicas, especialmente neste último caso, como motor econômico da livre iniciativa e alavanca para a inovação e tecnologia, sem, contudo, deixar de lado a defesa do consumidor.

É por isso que a leitura desse artigo é tão relevante: ao mesmo que ele pretende proteger o indivíduo, reconhece que fazemos parte de uma sociedade, a qual se desenvolve, também, pela economia. Portanto, há limites individuais e coletivos, o que significa que existe uma ampla margem interpretativa para uma mesma situação, visando buscar entender os dois lados.

Além dos fundamentos, a lei traz conceituações importantes. Para a lei, *dado pessoal* é uma "informação relacionada à pessoa natural identificada ou identificável", ou

---

econômico e tecnológico e a inovação; VI – a livre iniciativa, a livre concorrência e a defesa do consumidor; e VII – os direitos humanos, o livre desenvolvimento da personalidade, a dignidade e o exercício da cidadania pelas pessoas naturais".

seja, dados como nome, endereço, sexo, RG e CPF. A lei define ainda o conceito de *dado pessoal sensível* como um "dado pessoal sobre origem racial ou étnica, convicção religiosa, opinião política, filiação a sindicato ou a organização de caráter religioso, filosófico ou político, dado referente à saúde ou à vida sexual, dado genético ou biométrico, quando vinculado a uma pessoa natural".

A LGPD define como papéis principais:[12]

- *Titular:* pessoa natural a quem se referem os dados pessoais que são objeto de tratamento.
- *Controlador:* pessoa natural ou jurídica, de direito público ou privado, a quem competem as decisões referentes ao tratamento de dados pessoais.
- *Operador:* pessoa natural ou jurídica, de direito público ou privado, que realiza o tratamento de dados pessoais em nome do controlador.
- *Encarregado de dados:* pessoa indicada pelo controlador e operador para atuar como canal de comunicação entre o controlador, os titulares dos dados e a Autoridade Nacional de Proteção de Dados (ANPD).[13]
- *Autoridade Nacional de Proteção de Dados (ANPD):* órgão da administração pública responsável por zelar, implementar e fiscalizar o cumprimento da lei em todo o território nacional.

Com relação à definição de Encarregado, a primeira edição dessa lei especificava que a pessoa em questão seria uma pessoa natural. A palavra "natural", entretanto, foi retirada pela MP 869/2018. Teve início, assim, a seguinte discussão: trata-se de um mero esquecimento do legislador ou houve a intenção de incluir a pessoa jurídica como uma possibilidade para o exercício da função de Encarregado? A doutrina tem ampla discussão, e o ponto não se encontra pacificado até o momento desta publicação.

Considerando a natureza multidisciplinar do trabalho desempenhado pelo Encarregado, já que ele precisa conhecer sobre direito, tecnologia, gestão e comunicação, encontrar uma pessoa com todos esses conhecimentos e habilidades pode ser uma tarefa árdua. Preparar alguém também leva tempo. Se o Encarregado for uma empresa, pode-se contar com a soma dos conhecimentos dos funcionários para cobrir todas as tarefas impostas a ele ao longo da lei. Por outro lado, nenhuma empresa entende tão bem do negócio de uma outra empresa quanto os administradores desta, e alguns detalhes administrativos e organizacionais não costumam ser revelados a nenhum outro parceiro, por mais estratégico que seja. Assim, esse argumento favoreceria a proposta de que o Encarregado deve ser um funcionário.

Caso o Encarregado seja o funcionário de alguma Organização, a natureza tecnológica dos assuntos gerenciados por ele faz com que alguns especialistas recomendem

---

12 Artigo 5º.
13 Artigo 5º, inciso VIII.

que tal funcionário fique sob a Diretoria de Tecnologia. Por outro lado, por ser também um assunto jurídico, sujeito a sanções legais, alguns defendem que o melhor lugar para o Encarregado seria a Diretoria Jurídica. Há ainda uma outra alternativa: já que estamos falando de dados de pessoas naturais, isso significa que o maior volume de dados seria proveniente dos clientes.[14] Assim, há quem defenda que o Encarregado possa ser uma função cumulativa com a Diretoria de Marketing. Ainda um outro ponto de vista é a possibilidade de entendimento de que se trata de trabalho em conjunto entre as várias diretorias já citadas (e outras, como Recursos Humanos e Gente & Gestão, por exemplo), auditado e gerenciado pela área de *Compliance*, sendo que seu responsável seria também o Encarregado. Outros defendem uma estrutura específica, como uma nova diretoria com funcionários dedicados, que assumiria mais responsabilidades do que o Encarregado e seria gerenciada pelo *data protection officer*.

Um outro ponto a considerar é que o Encarregado não pode ser um cargo de diretoria (nesse caso, ele seria responsável por fiscalizar seus pares), mas sim alguém que esteja diretamente ligado ao *chief executive officer* (CEO)/presidente ou ao Conselho.

Não há entendimento pacificado. Ao contrário, discute-se ainda se o Encarregado poderia ser uma pessoa jurídica quando foi excluída a palavra "natural", como visto anteriormente, e incluída a expressão "pessoa indicada pelo controlador e operador". Ou seja, indica o legislador que é preciso haver um consenso entre Operador e Controlador, independentemente de o Encarregado ser uma pessoa natural ou uma pessoa jurídica. Assim, a nomeação do Encarregado pode ser um ponto de conflito entre Controlador e Operador porque qualquer um deles pode considerar que seus interesses não foram atendidos, visto que tal função será primordial para ambos, especialmente nas ações de possível crise ou de correção de rota, que demandam agilidade, transparência e trabalho colaborativo.

Acredita-se que, até a entrada em vigor da lei, e até mesmo depois dela, as discussões ainda podem apresentar novos cenários e ensejar ainda mais discussões.

1.2 CAPÍTULO II DA LGPD

O Capítulo II dedica-se aos requisitos necessários para o tratamento dos dados, especialmente aqueles referentes ao consentimento. A obtenção de consentimento não é a única hipótese em que é possível capturar e tratar os dados,[15] embora seja a mais

---

14 Mas não somente, os dados dos funcionários também estão incluídos, como veremos nos capítulos seguintes deste volume.

15 As hipóteses de tratamento estão no artigo 7º, a saber: "I – mediante o fornecimento de consentimento pelo titular; II – para o cumprimento de obrigação legal ou regulatória pelo controlador; III – pela administração pública, para o tratamento e uso compartilhado de dados necessários à execução de políticas públicas previstas em leis e regulamentos ou respaldadas em contratos, convênios ou instrumentos congêneres, observadas as disposições do Capítulo IV desta Lei; IV – para a realização de estudos por órgão de pesquisa, garantida, sempre que possível, a anonimização dos dados pessoais; V – quando necessário para a execução de contrato ou de procedimentos preliminares relacionados

comum. O interesse legítimo também é base legal, ou seja, se a Organização (ou um terceiro) precisar fazer os tratamentos para oferecer o produto/serviço, ou até mesmo melhorá-los, ou, ainda, realizar inovações, estaria coberta por esta hipótese. Tal interpretação retoma o fundamento da disciplina de proteção de dados, previsto no artigo 2º, em que o desenvolvimento econômico e tecnológico, a inovação, a livre iniciativa e a livre concorrência devem ser respeitados.

Além disso, mesmo que o Titular tenha manifestamente tornado públicos seus dados, o Controlador e o Operador não estão isentos de suas responsabilidades, especialmente no que diz respeito ao livre acesso do Titular às informações baseadas em seus dados, forma e duração do tratamento realizado com eles, e a possíveis compartilhamentos que Controlador e Operador possam ter feito.

Os *dados pessoais sensíveis* somente podem ser tratados sem a obtenção do consentimento em situações especiais, por exemplo, por órgãos de pesquisa e saúde, desde que se responsabilizem pela segurança e não realizem compartilhamento de dados.

A lei exige o consentimento do responsável legal, papel geralmente exercido pelos pais, quando se trata de dados de menores de 18 anos. Considerando tal público e seu interesse em jogos, a lei endereça um parágrafo para deixar restrita a captura de dados nestes casos, assim como solicita que se trabalhem elementos além dos meramente textuais com o intuito de oferecer melhor experiência e entendimento das crianças e adolescentes ao fornecer seus dados.

O Capítulo II finaliza falando sobre o término do uso dos dados, que pode acontecer quando a finalidade do tratamento for alcançada, quando o período previsto para tal tratamento terminar ou por solicitação do titular ou da ANPD. Nesse momento, os dados devem ser eliminados, exceto em caso de obrigação legal de manutenção, de realização de pesquisa, quando for transferido a terceiro ou para uso exclusivo do Controlador.

1.3 CAPÍTULO III DA LGPD

A seguir, no Capítulo III, estão descritos os direitos do Titular, que se baseiam, especialmente, nos direitos fundamentais de liberdade, intimidade e privacidade previstos, constitucional e internacionalmente, pela Declaração Universal dos Direitos do Homem, promulgada pela Organização das Nações Unidas.

---

a contrato do qual seja parte o titular, a pedido do titular dos dados; VI – para o exercício regular de direitos em processo judicial, administrativo ou arbitral, esse último nos termos da Lei nº 9.307, de 23 de setembro de 1996 (Lei de Arbitragem); VII – para a proteção da vida ou da incolumidade física do titular ou de terceiro; VIII – para a tutela da saúde, exclusivamente, em procedimento realizado por profissionais de saúde, serviços de saúde ou autoridade sanitária; IX – quando necessário para atender aos interesses legítimos do controlador ou de terceiro, exceto no caso de prevalecerem direitos e liberdades fundamentais do titular que exijam a proteção dos dados pessoais; ou X – para a proteção do crédito, inclusive quanto ao disposto na legislação pertinente".

Este capítulo exige que o Controlador e o Operador tenham uma gestão rigorosa de tudo o que for feito com os dados. Também exige que seja enviada para o Titular, a qualquer momento que por ele for solicitada, uma declaração contendo a discriminação dos dados e de seus tratamentos.

Entre os direitos dos usuários estão: confirmação da existência de tratamentos consentidos, a revogação de seu consentimento de acesso aos dados, assim como devida correção, anonimização, bloqueio ou eliminação do que não concordar; portabilidade a terceiro que indicar; informações sobre possíveis compartilhamentos.

1.4 CAPÍTULO IV DA LGPD

O Capítulo IV é dedicado ao tratamento dos dados pelo Poder Público. Como esta publicação tem foco nas Organizações privadas, não será aqui aprofundado este tema.

De forma simplificada, o Poder Público pode coletar dados e tratá-los, além das hipóteses do consentimento, nos casos em que houver persecução do interesse público, para executar suas competências legais ou cumprir com suas atribuições. Ou seja, caso o Poder Público precise realizar algum ato previsto em lei, poderá coletar os dados necessários, com ou sem o consentimento do Titular. Isso não exclui os direitos do Titular com relação à transparência, ou seja, ele pode solicitar uma declaração de todos os dados aos quais o Poder Público tem acesso, quais os tratamentos realizados, assim como compartilhamentos, mas não pode solicitar exclusão ou bloqueio se o tratamento estiver previsto nas hipóteses apresentadas.

Caberá à ANPD a responsabilidade de fiscalizar eventuais abusos ou desvios do Poder Público com relação ao uso dos dados, assim como cabem a ela eventuais pareceres técnicos sobre dúvidas não endereçadas pela lei.

1.5 CAPÍTULO V DA LGPD

O Capítulo V trata da transferência internacional dos dados. Já de largada, prevê que a transferência somente pode acontecer para países ou organismos que possuem leis de proteção de dados similares à brasileira. Inclusive, este foi um dos valores da lei nacional: evitar que o Brasil sofresse qualquer embargo comercial por falta de legislação apropriada, especialmente da Europa, após a promulgação por esta da GDPR. Caberá à ANPD definir a lista de países para os quais pode haver transferência de dados.

Além da exigência de legislação no país de destino, requer-se também que o Controlador garanta que todos os direitos do Titular estejam sendo respeitados, principalmente em cláusulas contratuais, sejam elas específicas ou padrão, normas corporativas e até selos, certificados e códigos de conduta. Nesse sentido, a área de *Compliance* pode ter papel importante nessa discussão, como um validador do trabalho realizado pela Organização.

Outros casos em que a transferência é permitida, considerando os devidos instrumentos legais para isso, seriam para a cooperação jurídica entre órgãos públicos, com foco na segurança nacional (inteligência, investigação, persecução); como condição de acordo internacional; ou, ainda, para a proteção da vida.

No caso da transferência internacional de dados, há sempre a possibilidade de o Titular dar seu consentimento, permitindo a transferência ou não, no caso da ausência do consentimento. A ANPD também será responsável por verificar se nas cláusulas contratuais os direitos do Titular estão presentes. Já para o Poder Público, a situação é diferente, porque é possível fazer sem o consentimento em casos específicos trazidos pela lei.

1.6 CAPÍTULO VI DA LGPD

O Capítulo VI se dedica a descrever os deveres e as responsabilidades do Controlador, Operador e Encarregado. Não é o único capítulo da lei em que se encontram esses tipos de informação. Na metodologia apresentada neste livro, os controles descritos no Capítulo 3 endereçam e garantem que esses deveres e responsabilidades sejam respeitados.

No caso de descumprimento da lei, cabe indenização e multa, sendo que Operador e Controlador são solidários entre si, ou seja, é possível cobrar de um, de outro ou de ambos. Da mesma forma, há a possibilidade de regresso, ou seja, aquele que pagar a indenização para o Titular pode cobrar do outro. Além disso, os Titulares podem processar de forma coletiva tanto o Operador quanto o Controlador.

É importante lembrar que cabe, por decisão judicial, a inversão do ônus da prova. No Direito, quem faz a acusação, ou seja, o autor de um processo judicial, deve provar que o outro lado tem responsabilidade e lhe causou algum dano. No entanto, o instituto da inversão do ônus da prova permite que a acusação não apresente provas, mas que o acusado tenha que apresentar provas de defesa. A LGPD permite que isso aconteça quando entender que a acusação é verossímil e houver hipossuficiência do Titular, ou seja, quando uma parte não tem condições econômico-financeiras.

A lei também permite a inversão do ônus da prova quando a produção de provas para o titular for extremamente onerosa. Nesse sentido, os relatórios e evidências de que o tratamento e arquivamento dos dados é realizado de acordo com as orientações da lei se tornam fundamentais em casos processuais, mas também em eventuais fiscalizações da ANPD. Isso retoma o fundamento de defesa do consumidor, apresentado no artigo 2º.

1.7 CAPÍTULO VII DA LGPD

O Capítulo VII se dedica ao tema Segurança e Boas Práticas, que também são endereçadas pela metodologia apresentada nesta publicação. Os padrões técnicos mínimos para a proteção dos dados pessoais, inclusive tempo para comunicação e remediação de incidentes, serão definidos pela ANPD.[16] Isso não significa que não seja possível trabalhar com padrões e medidas de segurança, sejam elas técnicas ou administrativas, que protejam contra tratamentos inadequados ou ilícitos, que devem ser comunicados.

A comunicação do incidente deve conter a descrição da natureza dos dados, as informações dos Titulares, uma indicação das medidas que foram utilizadas para a proteção dos dados, os riscos e os motivos da demora em reverter a situação. Essa comunicação deve ser feita, *a priori*, para a ANPD, que pode decidir ampliar em meios de comunicação para toda a população e exigir medidas específicas. A lei recomenda que a remediação seja feita o mais rápido possível, embora não defina um tempo máximo.

Essa necessidade de cuidado demanda, de toda a Organização, o cumprimento de boas práticas, estruturadas e mantidas por uma governança que se preocupa com normas de segurança, padrões técnicos, obrigações gerais e específicas e de todos os envolvidos, ações educativas, mecanismos de supervisão e fiscalização internos, assim como mapeamento e ações de mitigação de riscos.

Porém, não basta que isso esteja somente no papel: é preciso que esteja, de fato, acontecendo, com atualizações periódicas e amplamente conhecidas na Organização. Com essa preocupação, a LGPD deixa claro que é preciso levar em consideração a estrutura, o volume e a escala de cada tratamento de dados, com capacidade de resposta para a ANPD em qualquer tempo, para os Titulares ou mesmo outros órgãos que possam solicitar essas informações.

1.8 CAPÍTULOS VIII E IX DA LGPD

Na sequência, o Capítulo VIII tem como foco a fiscalização da aplicação da lei, versando especialmente sobre as sanções administrativas a serem aplicadas pela ANPD, além de eventuais sanções civis ou penais. Os Capítulos VIII e IX determinam as responsabilidades da ANPD e do Conselho Nacional de Proteção de Dados Pessoais e da Privacidade (CNPDPP), ou seja, são dois capítulos complementares.

As sanções administrativas seguem uma gradação:

- advertência;
- multa simples;
- multa diária;
- bloqueio dos dados;
- eliminação dos dados;
- suspensão do funcionamento do banco de dados;

---

16 Até janeiro de 2020, a ANPD ainda não havia sido criada e, por consequência, não há pronunciamento sobre esses temas.

- suspensão do exercício do tratamento de dados;
- proibição parcial ou total do exercício de atividades que se relacionem com o tratamento de dados.

Além dessas sanções, há também a possibilidade de dar ampla publicidade à infração, e, em todos os casos, é preciso notificar o motivo do problema e as medidas corretivas planejadas e executadas.

Embora as sanções sigam uma lógica de penalização gradual, o legislador declara de maneira explícita que não necessariamente é preciso seguir alguma gradação. As sanções podem ser aplicadas isolada ou cumulativamente, a depender do caso concreto e seguindo a proporcionalidade. Para essa avaliação, podem considerar critérios objetivos e subjetivos, como gravidade e natureza da infração, boa-fé do infrator, vantagem auferida ou pretendida, condição econômica do infrator, reincidência, grau do dano, cooperação do infrator, reiteração na infração, assim como a não adoção de mecanismos de prevenção, existência de políticas de boas práticas e governança e pronta adoção de medidas de correção. Para a Organização se defender, deverá utilizar os ritos e procedimentos do processo administrativo.

É importante ressaltar que o valor da multa é de 2% do faturamento da pessoa jurídica em seu último exercício, levando em consideração o faturamento total da empresa ou do conjunto de empresas, por decisão da ANPD, especialmente se houver suspeição de idoneidade.

CAPÍTULO 2
METODOLOGIA BEST

Para que uma Organização consiga atender continuamente e de maneira sustentável aos requisitos da LGPD, será preciso implementar um sistema de gestão que permeie todas as áreas de negócio, constituído por processos, pessoas e tecnologias. A experiência que o mundo tem vivido desde os anos 1990, com a implantação dos sistemas de gestão da qualidade, mostra um caminho que já foi trilhado com sucesso. A implantação desse sistema de gestão abrange o desenvolvimento de um projeto de transformação, orientado por uma das muitas metodologias de gestão de projetos encontradas no mercado.

A metodologia BEST (*Business Engaged Security Transformation*) oferece uma abordagem holística, sustentável e adaptável para implementação do sistema de gestão de atendimento à LGPD, independentemente do porte das operações ou área de atuação. Foi concebida pela Fundação Vanzolini para desenvolvimento de sistemas de gestão visando à acreditação em cibersegurança e à privacidade de dados. Seu principal diferencial é a promoção da conscientização e do engajamento dos colaboradores para a autotransformação de seus negócios, processos e sistemas, em atendimento aos requisitos de garantia da integridade, disponibilidade, sigilo e privacidade das informações transmitidas, processadas e armazenadas pela empresa.

Dentro da sua área de ação e responsabilidades, cada profissional é convidado a contribuir para tornar os sistemas de informação mais seguros, resilientes e confiáveis, apoderando-se da solução implementada como sua criação, que leva em consideração as restrições e especificidades reais do seu ambiente de trabalho. A metodologia BEST está organizada em programas de transformação, em que cada programa reúne conceitos, estratégias, processos e controles afins, e realiza o cruzamento das diferentes questões de negócios com as de segurança cibernética, aproximando as ações de conformação que precisam ser executadas dos resultados de negócios que podem ser verificados pelos profissionais em cada área específica de atuação.

Este capítulo apresenta os conceitos, a organização e a descrição dos Programas de Transformação da metodologia BEST, alguns deles utilizados especificamente para atender às exigências da LGPD.

2.1 ELEMENTOS DA METODOLOGIA BEST

A metodologia BEST é composta de diversos elementos-chave, como princípios, cultura de cibersegurança, método ágil de implantação e programa de transformação.

2.1.1 PRINCÍPIOS DA METODOLOGIA BEST

A metodologia BEST foi concebida com base nos seguintes princípios:

- Mindset e *Cultura: mindset* (atitude) que olha para o indivíduo e que deve ser refletido na cultura (coletivo). Somente a transformação do *mindset* dos colaboradores é que garante a estabilidade do atendimento das obrigações de cibersegurança de uma organização e a construção de uma cultura de cibersegurança.
- *Responsabilidade:* cada colaborador está orientado à execução das atividades de negócio sob sua responsabilidade que geram valor para seus clientes internos e externos.
- *Engajamento*: o engajamento do colaborador na transformação de processos e atividades de negócio para o atendimento de obrigações de cibersegurança demanda necessariamente um mapeamento mental claro entre atendimento de requisitos de cibersegurança e fatores de sucesso das atividades do ambiente de negócios. Em outras palavras, é preciso ter consciência de que, sem atender aos requisitos de cibersegurança, todas as atividades de negócio falham na entrega do resultado para o seu respectivo cliente.
- *Agente de transformação*: para que o esforço de conscientização e mudança da mentalidade do colaborador tenha uma boa relação de custo-benefício, é preciso que haja a articulação de um agente externo (Agente de Transformação) a fim de facilitar a superação das dificuldades pessoais, organizacionais e tecnológicas do processo.
- *Velocidade*: o ritmo e os objetivos de transformação precisam estar alinhados com as demandas e os fluxos naturais dos negócios, reduzindo fricções e conflitos com clientes.
- *Metodologia adequada*: os Métodos Ágeis se adaptam melhor ao alinhamento entre atividades de transformação de cibersegurança e atividades de negócio porque

são mais flexíveis, estão focados em pessoas e interações, visam gerar valor a cada interação e promovem uma resposta rápida a demandas específicas, comuns no ambiente de negócios.

- *Alinhamento estratégico*: a Alta Direção e os gestores devem incorporar em seu modelo de avaliação do sucesso das atividades de negócio e do nível de competência dos colaboradores o efetivo atendimento dos respectivos requisitos de segurança associados.

- *Melhoria contínua*: é preciso estabelecer um ciclo de melhoria contínua de avaliação de processos, procedimentos, sistemas e registros, pelo qual todos são responsáveis, que identifique causas e consequências de eventos de cibersegurança para os negócios, lições aprendidas, oportunidades de melhoria e próximos passos.

2.1.2 CULTURA DE CIBERSEGURANÇA

Cada Programa de Transformação de Cibersegurança tem seu objetivo específico, mas todos contribuem para o fortalecimento da Cultura de Cibersegurança na Organização, por serem elementos de grande impacto capazes de determinar o sucesso (ou o fracasso) dos esforços implementados na garantia da segurança.

A Cultura de Cibersegurança é um aspecto particular da Cultura Organizacional da Empresa. A cultura como um todo, seja ela organizacional ou de cibersegurança, é composta de regras formais ou informações que influenciam colaboradores e terceirizados a tomar determinadas decisões e executar ações do dia a dia que com elas estão alinhadas. Regras culturais são suficientes para impedir a consecução de muitos tipos de ataques e cobrir os casos omissos não abrangidos por políticas e controles de segurança.

Na Metodologia BEST, o fortalecimento da Cultura de Cibersegurança baseia-se em diversos aspectos-chave, como a *Liderança*, na definição de princípios e ações claras de valorização de comportamentos seguros pela Alta Diretoria e gestores das áreas de negócio; a *Ética*, ao estabelecer que o cumprimento de obrigações de cibersegurança é um dos mais altos princípios éticos, visando à proteção de informações de clientes, investidores, colaboradores, terceiros, parceiros e da sociedade; e a *Responsabilidade*, ao determinar que todos – membros da Alta Diretoria, gestores, colaboradores, terceiros, parceiros e clientes – são diretamente responsáveis pela garantia da segurança e privacidade das informações sob sua guarda, devendo empenhar seu melhor esforço no cumprimento das obrigações de cibersegurança. Outros aspectos-chave são a *Capacitação*, esperando empenho por parte de todos os profissionais nos treinamentos disponibilizados, garantindo a tomada de decisões e execução de suas atividades de negócio com base em princípios de segurança; a *Governança*, orientando para que todas as atividades, particularmente as de cibersegurança, contribuam para alcançar objetivos de negócio de maneira consciente, controlada e mensurável, em alinhamento com a missão da empresa; e, por último, a *Comunicação* aberta e direta sobre questões de cibersegurança, desenvolvimento de atitude cooperativa diligente e responsável para a formação de equipes multidisciplinares de trabalho, bem como fortalecimento da prática de sempre pedir ajuda e orientação a pares e superiores em caso de dúvida.

2.1.3 MÉTODO ÁGIL

O Método Ágil, inspirado no *Manifesto Agile* (BECK, 2001), foi adotado para a interação do Agente de Transformação com os colaboradores e terceiros e tem como diretrizes:

- pessoas e interações, ao contrário de processos e ferramentas;
- processo executável, ao contrário de documentação extensa e confusa;
- engajamento do colaborador, ao contrário de pressões pelo cumprimento de prazos e cláusulas contratuais;
- respostas rápidas para mudanças que geram valor, ao contrário de seguir planos previamente definidos, com longas cadeias de tomada de decisão para incorporação da mudança positiva.

Em linhas gerais, consiste no particionamento de um Programa de Transformação em etapas, denominadas *Sprints*, com tempo de duração de 15 dias corridos.

Então, são formadas Equipes de Transformação, compostas de um Agente de Transformação (*Project Owner*) externo, um colaborador que assume o papel de Líder (*Scrum Master*) e os demais membros da equipe.

Ao início do *Sprint* de cada equipe, é necessário identificar:

- programas necessários;
- respectivos requisitos de cibersegurança a serem atendidos;
- a estratégia de transformação;
- recursos necessários (inclusive envolvimento de gestores, especialistas externos e recursos financeiros e tecnológicos);
- estimativa do esforço de implementação e validação;
- fatores de sucesso; e
- valores de negócio gerados ao término das atividades.

Durante o *Sprint*, o Líder interage diariamente com os membros da equipe em momentos formais, com reunião chamada de *daily*, de, em média, dez minutos de duração, assim como em momentos informais, acompanhando o desenvolvimento e solucionando problemas. Da mesma forma, também interage com o Agente de Transformação para a tomada de decisões, consolidação de resultados, avaliação do clima da equipe, solução de conflitos pessoais e eventuais ajustes de estratégias. E, quando necessário, também desenvolve suas próprias atividades de transformação.

Ao final do Sprint, chega o momento de avaliação dos resultados e planejamento dos próximos Sprints. Para isso, são consolidados os valores de negócio gerados e reunidas as evidências de atendimento dos requisitos de cibersegurança; identificadas as causas-raiz dos problemas, consolidadas as lições aprendidas, registradas as oportunidades de melhoria e definidos os próximos passos, orientando o planejamento do próximo Sprint.

2.1.4 MODELO DE ONDAS

Em cada Sprint, o Agente de Transformação seleciona o Programa e os requisitos com base nas oportunidades de sinergia entre contextos de negócio e disponibilidade dos membros das equipes de transformação.

Com isso, parte dos requisitos de um Programa podem ser endereçados no presente, para serem finalizados em outro momento futuro.

Caso existam várias equipes trabalhando simultaneamente, é possível ter sobreposição de endereçamento de programas, conforme esquematizado na Figura 2.1.

Figura 2.1 Sobreposição de Programas de Transformação no tempo. Fonte: elaboração própria.

2.1.5 DIMENSÕES

No atendimento de requisitos de cibersegurança em todos os Programas de Transformação, sete dimensões funcionais devem ser consideradas:

1. *Pessoas*: definir os profissionais e atribuir papéis e responsabilidades dos envolvidos. Para isso, deve também incorporar documentação pertinente para orientá-los quanto aos princípios envolvidos, políticas e requisitos associados, processos e procedimentos de negócio existentes e rede de relacionamento que pode esclarecer dúvidas e dar as orientações necessárias.
2. *Mudanças*: adotar um fluxo de gestão de mudanças de processos, procedimentos e controles de tecnologia de informação e comunicação (TIC) na Organização,

cobrindo: proposição, aprovação, planejamento, validação e atualização da documentação.

3. *Requisitos:* devem ser identificados todos os requisitos de políticas de cibersegurança endereçados por cada atividade de transformação.

4. *Auditoria:* toda ação de transformação deve gerar registros auditáveis e incorporar, quando necessário, funções intrínsecas de auditoria nos processos, procedimentos e controles de segurança.

5. *Emergências:* devem ser consideradas situações emergenciais de exceção no momento da definição de processos, procedimentos e controles.

6. *Comunicação:* deve ser considerado o aspecto da comunicação de informações sobre as atividades de transformação executadas, definindo a sequência e o conteúdo de mensagens, públicos-alvo e canais de comunicação, garantindo a visibilidade das ações e o esclarecimento de eventuais dúvidas que possam ser geradas em outras áreas de negócio.

7. *Recursos:* para todas as atividades, devem ser relacionados explicitamente os recursos necessários para a sua execução, como insumos, recursos financeiros e computacionais.

2.1.6 REQUISITOS E CONTROLES

A relação de requisitos de cibersegurança, riscos associados, controles de infraestrutura de TIC e registros faz parte do escopo de entrega de cada Programa.

Ela pode ser feita na forma de um quadro ou uma planilha eletrônica, como a do Quadro 2.1.

Quadro 2.1 Exemplo de quadro de requisitos e controles associados

POLÍTICA	PO003-Política de Atendimento de Requisições de Proteção de Dados Pessoais.
REQUISITO	Atender a todas as requisições de proteção de dados pessoais em tempo hábil.
RISCO	Falha no atendimento de Requisição de proteção de dados pessoais em tempo hábil.
CONTROLE	Manter cadastro eletrônico atualizado de todas as solicitações, com respectivos estados de atendimento.
REGISTRO	Cadastro de Atendimento a Requisições de Proteção de Dados Pessoais.

(continua)

Quadro 2.1 Exemplo de quadro de requisitos e controles associados *(continuação)*

NOTAS	O Cadastro deve conter as seguintes informações de cada solicitação: • Número único sequencial de solicitação. • Estado da solicitação • Data da solicitação • Autor da solicitação • Responsável pela recepção • Data prevista de atendimento • Responsável pelo atendimento • Data de atendimento efetivo • Responsável pelo envio da resposta • Responsável pelo recebimento • Descrição da solicitação • Nível de complexidade • Nível de criticidade • Observações

2.1.7 ENTREGÁVEIS

Entre os elementos entregáveis a partir do desenvolvimento de um Programa de Transformação, podemos citar:

- Políticas de Segurança da Informação (PSI) complementares;
- processos e procedimentos-padrão formalmente definidos;
- registros de auditoria;
- relação de riscos de falha de atendimento de requisitos avaliados e tratados;
- descrição de controles de riscos implantados;
- documentos de suporte à operação e tomada de decisões;
- bases de dados de controle das operações de segurança;
- relatórios de auditorias realizadas com a relação de não conformidades encontradas;
- relatórios e materiais de divulgação de cibersegurança.

2.1.8 RESULTADOS

O resultado direto do desenvolvimento de um Programa de Transformação é o atendimento dos requisitos da Política de Cibersegurança e demais PSI complementares, que se evidencia na forma de:

- princípios de segurança incorporados no dia a dia da organização;
- registros de auditoria gerados regularmente e armazenados com segurança;
- riscos de falha de atendimento de requisitos avaliados e tratados;
- colaboradores, terceiros, clientes e fornecedores capacitados e avaliados.

2.1.9 ACOMPANHAMENTO

O acompanhamento do processo de transformação é feito por responsáveis pela governança de cibersegurança, gestores das áreas de negócio e pelo Agente de Transformação, com base no nível de maturidade do atendimento e no mapeamento de requisitos atendidos de cada Programa.

São cinco os níveis de atendimento de um requisito de cibersegurança:

I. *Não atendido:* o requisito não é atendido pelas atividades de negócio ou sistemas de TIC implementados.

II. *Parcial:* parte das atividades de negócio e/ou sistemas de TIC implementados atende ao requisito de cibersegurança, mas parte ainda não atende.

III. *Pleno:* as atividades de negócio atendem ao requisito de cibersegurança e geram evidências que comprovam este atendimento, mas não existe um processo/procedimento formal estabelecido que garanta a estabilidade do atendimento do requisito no futuro.

IV. *Procedimentalizado:* as atividades de negócio atendem ao requisito de cibersegurança, geram evidências que comprovam este atendimento e existe um processo/procedimento formal estabelecido que garante a estabilidade do atendimento do requisito no futuro, mas não existe um controle automatizado no Sistema de Gestão de Cibersegurança e Segurança da Informação (SGCSI) que garanta o atendimento e/ou a identificação de falha livre de erros humanos.

V. *Automatizado:* as atividades de negócio atendem ao requisito de cibersegurança, geram evidências que comprovam este atendimento e existe um processo/procedimento formal estabelecido que garante a estabilidade do atendimento do requisito no futuro, bem como existe um controle automatizado no SGSI que garante o atendimento e/ou a identificação de falha livre de erros humanos.

Os níveis I e II demandam ação imediata de transformação para garantir o atendimento do requisito. Os níveis III e IV demandam ações de formalização e controle no SGCSI de médio prazo. No caso de impossibilidade, demandam a implantação de controles compensatórios. O nível V demanda apenas acompanhamento e comprovação via procedimentos de auditoria.

O acompanhamento é feito com base no Mapa de Atendimento de Requisitos, que consiste num gráfico tipo radar multivariável. Cada eixo que parte do ponto central é relativo a um Programa de Transformação específico, graduado de 0% a 100% de atendimento, conforme ilustrado na Figura 2.2. Apenas requisitos com níveis de atendimento III, IV e V são contabilizados no Mapa.

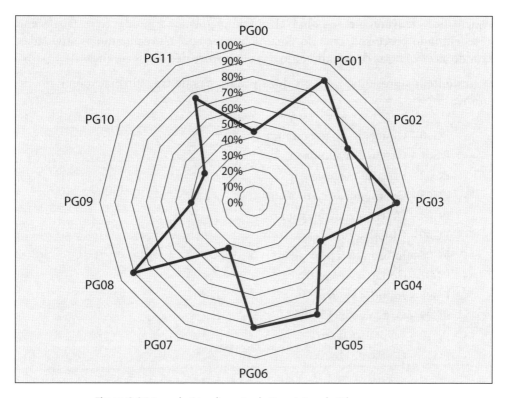

Figura 2.2 Mapa de Atendimento de Requisitos de Cibersegurança.

A determinação do grau de Maturidade Geral em Cibersegurança da empresa é obtida com a consolidação de atendimento dos requisitos relativos a cada Programa. Por exemplo, uma empresa com 100 requisitos identificados nos Programas de Cibersegurança e 75 deles avaliados com nível de atendimento III, IV e V possui nível de Maturidade Geral de 75%.

2.2 PROGRAMAS DE TRANSFORMAÇÃO

Todos os programas BEST de Transformação em cibersegurança têm por objetivo promover o engajamento dos colaboradores por meio da aproximação das ações de *compliance* que precisam ser executadas dos respectivos resultados de negócio esperados, que podem ser verificados pelos profissionais em cada área específica de atuação.

Esses programas podem ser entendidos como uma dinâmica orientada por um Agente de Transformação com os colaboradores de uma determinada área de negócio. O Agente segue uma pauta preestabelecida e atua como facilitador do processo, motivando os participantes, estabelecendo e acompanhando metas, consolidando resultados. Quando os problemas surgem, ele articula o envolvimento de gestores da empresa ou mesmo especialistas externos (*stakeholders*), visando à tomada de decisões, estabelecimento de melhores práticas e alocação dos recursos necessários. Cada colaborador é quem fica efetivamente responsável por implementar a mudança, estabelecendo ou redefinindo processos, criando documentos de apoio, executando as atividades e gerando as evidências de atendimento das obrigações de cibersegurança.

Neste item, apresentaremos os doze programas de transformação em cibersegurança:

- PG00 – Gestão de cibersegurança
- PG01 – Gestão de identidade
- PG02 – Execução segura
- PG03 – Continuidade de negócios
- PG04 – Desenvolvimento seguro
- PG05 – CI-CD seguros
- PG06 – Informações protegidas
- PG07 – Gestão de terceiros
- PG08 – Atitudes seguras
- PG09 – Gestão de incidentes
- PG10 – Segurança física
- PG11 – Gestão de ativos

Cada um dos Programas de Transformação está descrito a seguir de forma sucinta.

2.2.1 PG00 – GESTÃO DE CIBERSEGURANÇA

O Programa de Gestão de Cibersegurança (PG00) é o primeiro a ser endereçado, por apresentar um caráter estrutural da função de cibersegurança numa organização. Faz parte do seu escopo a implantação de metaprocessos de criação, alteração e extinção de processos, assim como a gestão de planos de ação para criação, aprovação, acompanhamento e avaliação da eficácia dos Programas BEST.

Ele está orientado por diversos objetivos, como a definição dos princípios da *Cultura de Cibersegurança* da Organização e também o estabelecimento da *Organização* das funções de cibersegurança, formalizando papéis e responsabilidades da estrutura organizacional de cibersegurança especificados via matriz RACI (Responsável, Aprovador, Consultado, Informado), nomeando responsáveis aprovados pela Alta Diretoria e estabelecendo um Sistema de Gestão de Cibersegurança formado por princípios, políticas, processos, riscos, controles, equipes, papéis e responsabilidades, com um ciclo de revisões periódicas, visando à melhoria contínua da gestão com base em evidências. A definição e aprovação de uma *Política de Cibersegurança* pela Alta Diretoria, detalhando a estrutura de políticas gerais e de Segurança da Informação, ciclo de vida, funções de auditoria, níveis de segurança de informações e revisões periódicas, é outro objetivo, assim como o estabelecimento dos critérios de classificação e avaliação de *Riscos* de não conformidade quanto ao atendimento de requisitos de PSI e a definição de um *Plano de Comunicação* para a divulgação de políticas, processos e procedimentos estabelecidos, bem como princípios e ações de cibersegurança. Também são objetivos a verificação da *Governança*, garantindo que os esforços de cumprimento das obrigações de cibersegurança estejam alinhados com os objetivos e estratégias de negócio, o suporte à *Documentação*, com a implantação de um Repositório de Documentos, e a implantação de uma equipe de *Auditoria* interna de cibersegurança.

No escopo do Programa, a elaboração da Política de Cibersegurança é documento basilar que referencia todas as demais políticas de Segurança da Informação, assim como o Plano de Comunicação.

Quadro 2.2 Política de Cibersegurança

Política	Descrição
Política de Cibersegurança	Estabelece princípios, estrutura organizacional, funcionalidades, equipes, papéis e responsabilidades da gestão de cibersegurança na empresa, como também o modelo de gestão de riscos e referência às demais Políticas de Segurança da Informação.
Plano de Comunicação	Reúne as ações de conscientização em cibersegurança, descrevendo objetivos, públicos-alvo e mensagens, recursos alocados e consumidos, cronograma de comunicação e acompanhamento de indicadores de desempenho.

2.2.2 PG01 – GESTÃO DE IDENTIDADE

O Programa de Gestão de Identidade (PG01) visa endereçar aspectos tecnológicos, operacionais e culturais envolvendo identidades digitais e controle de acesso a recursos da infraestrutura de TIC.

A Gestão de Identidades digitais envolve a definição de regras estruturais e operacionais para sistemas de autenticação, cobrindo todo o ciclo de vida de identidades, além de controles de geração e utilização de senhas de acesso.

A gestão de acesso a sistemas e funcionalidades envolve controles de contas de serviço de TIC, contas de sistemas internos e externos, bem como políticas de autorização de acesso.

No escopo do Programa, temos a elaboração de seis PSI que refinam os diferentes aspectos da Gestão de Identidades (Quadro 2.3).

Quadro 2.3 Políticas Complementares de Gestão de Identidade

Política	Descrição
Política de Gestão de Identidades	Define regras de classificação, processos e procedimentos padrões de gestão de identidades digitais.
Política de Controle de Senhas de Acesso	Define regras, critérios de segurança, processos e procedimentos padrões de controle de senhas.

(continua)

Quadro 2.3 Políticas Complementares de Gestão de Identidade *(continuação)*

Política	Descrição
Política de Gestão de Acessos a Contas Privilegiadas de Sistemas Críticos de TIC	Define regras de controle, processos e procedimentos padrões de autorização e acesso a contas privilegiadas e sistemas críticos de TIC.
Política de Gestão de Usuários de Sistemas de TIC	Define regras de classificação de informações, processos e procedimentos padrões de autorização e controle de usuários a sistemas de TIC.
Política de Controle de Acesso Remoto	Define regras de classificação de informações, processos e procedimentos padrões de autorização e controle de acesso remoto a sistemas de TIC.
Política de Segregação de Acesso às Funções de Sistemas de TIC	Define regras de auditoria para segregação de acesso às funções de sistemas de TIC.

2.2.3 PG02 – EXECUÇÃO SEGURA

O Programa de Execução Segura de Cibersegurança (PG02) envolve desde o gerenciamento de processos e controles da infraestrutura de TIC e serviços associados até a coordenação das diferentes equipes de trabalho envolvidas.

Estabelece o ciclo de vida, a estrutura da base de dados e os controles associados à gestão de ativos de cibersegurança, cobrindo as fases conforme apresentado na Figura 2.3.

Figura 2.3 Ciclo de vida de ativos de cibersegurança.

Para os controles do Sistema de Gestão de Cibersegurança e Segurança da Informação (SGCSI), que fazem parte da infraestrutura de TIC, o programa estabelece medidas de proteção de configurações e registros operacionais com base nos riscos de falha de atendimento de requisitos e análise de vulnerabilidades de cibersegurança.

Para ativos de comunicação de dados, em particular, define regras de classificação, configuração e operação segura de equipamentos, aplicações e fluxos de dados, tanto de redes internas como de recursos de Computação em Nuvem.

Quanto aos ativos de *software*, desde Sistemas Operacionais e *Basic Input/Output System* (BIOS) até aplicações internas e as executadas em ambientes de terceiros, estabelece controles de acompanhamento por todo o ciclo de vida, incluindo análise de vulnerabilidades, definição de configurações seguras, geração de registros operacionais e controle de atualizações periódicas.

No escopo do Programa, temos a elaboração de seis PSI que refinam a execução segura de cibersegurança, apresentadas no Quadro 2.4.

Quadro 2.4 Políticas Complementares de Execução Segura

Política	Descrição
Política de Operação Segura de Cibersegurança	Estabelece os princípios operacionais de cibersegurança, equipes, papéis e responsabilidades, processos e procedimentos padrões, cobrindo todo o ciclo de vida dos ativos de cibersegurança.
Política de Gestão de Segurança de Redes de Comunicação de Dados	Define as regras de classificação, processos e procedimentos padrões de configuração, operação, monitoração e testes, manutenção e tratamento de incidentes.
Política de Controle de Infraestrutura de Redes	Estabelece as regras, processos, procedimentos padrões, equipes, papéis e responsabilidades de controle de infraestrutura de redes de comunicação de dados.
Política de Controle de Comunicação Externa de Dados	Define regras de classificação e controle de envio e recebimento de dados via *links* de comunicação com redes externas.
Política de Manutenção de Equipamentos de Segurança de TIC	Estabelece as regras de manutenção preventiva e corretiva de ativos de cibersegurança, bem como a estrutura do Plano de Manutenção Preventiva.
Política de Segurança de Serviços de Computação em Nuvem	Estabelece as regras de classificação, processos e procedimentos padrões de contratação e operação de serviços de computação em nuvem.

2.2.4 PG03 – CONTINUIDADE DE NEGÓCIOS

O Programa de Continuidade de Negócios (PG03) tem seu foco de atenção nas emergências de cibersegurança, que são situações críticas em que a continuidade dos negócios fica comprometida devido a grandes prejuízos ou à impossibilidade de continuar sua operação normal.

Ele estabelece três linhas principais de ação. A primeira refere-se à preparação da Organização para identificação e à reação a situações emergenciais de cibersegurança, cobrindo todo o seu ciclo de vida: prevenção, identificação, reação, contenção, contingenciamento, recuperação e retorno à operação normal.

A segunda linha é a de desenvolvimento e teste de um Plano de Continuidade de Negócios, orientado por uma política específica, visando ao aumento do nível de resiliência da organização contra situações emergenciais e agilizando a recuperação da operação normal em caso de desastre.

E, por fim, a terceira linha tem seu foco na gestão de salvamento e recuperação de dados e sistemas de TIC, com garantia de segurança e confidencialidade.

No escopo do Programa, temos a elaboração de três PSI que refinam os diferentes aspectos da continuidade de negócios, conforme mostrado no Quadro 2.5.

Quadro 2.5 Políticas Complementares de Continuidade de Negócios

Política	Descrição
Política de Prevenção e Resposta aos Ataques de Cibersegurança	Define regras de classificação, prevenção, detecção e resposta a situações emergenciais de ataque de cibersegurança, durante todo o seu ciclo de vida, organizando equipes, papéis e responsabilidades para elaboração do plano de resposta aos ataques de cibersegurança.
Política de Continuidade de Negócios	Determina regras gerais de garantia da continuidade de negócios, definindo processos, procedimentos padrões, equipes, papéis e responsabilidades para elaboração e teste de um Plano de Continuidade de Negócios.
Política de Gestão de Salvamento e Recuperação de Dados e Sistemas	Estabelece regras de classificação e controle de salvamento e recuperação (*backup*) de dados e sistemas de TIC, definindo processos e procedimentos padrões de salvamento, recuperação, proteção e teste de mídias.

2.2.5 PG04 – DESENVOLVIMENTO SEGURO

O Programa de Desenvolvimento Seguro de Software (PG04) envolve diversas áreas de atuação, desde a especificação de requisitos do ambiente de desenvolvimento e seleção de *frameworks* até o acompanhamento do ciclo de vida de *softwares*, incluindo o controle de problemas de *software* no ambiente de produção.

Pode ser analisado segundo três linhas de ação. A primeira tem seu foco na codificação segura, definindo, revisando e aplicando padrões seguros de desenvolvimento, inclusive os relativos à criptografia, bem como estabelecendo treinamentos para a capacitação de desenvolvedores.

Outra linha de ação refere-se aos processos e procedimentos padrões de testes de *software*, a partir de dados de produção.

E a terceira linha tem seu foco na verificação de suporte e segurança de *softwares* de terceiros.

No escopo do Programa, temos a elaboração de três PSI que refinam os diferentes aspectos do desenvolvimento seguro de *software*.

Metodologia BEST

Quadro 2.6 Políticas Complementares de Desenvolvimento Seguro

Política	Descrição
Política de Arquitetura de Sistemas de TIC	Estabelece regras de segregação de atividades e especificação de elementos da arquitetura de sistemas de TIC.
Política de Desenvolvimento Seguro de *Software*	Define as regras de classificação, segregação e desenvolvimento seguro de *softwares* em todo o ciclo de vida, estabelecendo equipes, papéis, responsabilidades, processos e procedimentos padrões.
Política de Suporte e Confiabilidade de *Softwares* de Terceiros	Define regras de classificação, processos e procedimentos de especificação/verificação de Acordo de Nível de Serviço e nível de confiabilidade de *softwares* de terceiros.

2.2.6 PG05 – CI-CD SEGUROS

O Programa CI-CD Seguros (PG05) concentra-se no monitoramento e automação contínuos do ciclo de vida de aplicações, incluindo testes, integração, entrega e implantação. CI vem do termo em inglês *Continuous Integration* (Integração Contínua), e CD, de *Continuous Delivery* (Entrega Contínua).

Quanto à CD, ele envolve a definição de regras, processos e procedimentos padrões de armazenamento seguro de imagens e separação de sistemas de não produção/produção. No tocante à CI, define a aplicação periódica de ferramentas de análise estática e dinâmica. Envolve também a gestão de mudanças quando disciplinas de CI/CD não forem aplicadas.

No escopo do Programa, temos a elaboração de uma política específica de integração e distribuição contínuas de *softwares*.

Quadro 2.7 Políticas Complementares de CI-CD Seguros

Política	Descrição
Política de Integração e Instalação de *Software*	Estabelece as regras de classificação, integração e distribuição de módulos e funções de *software*, bem como a organização de equipes, papéis, responsabilidades, processos e procedimentos padrões cobrindo o ciclo de vida de integração, distribuição e correção de *software*.

2.2.7 PG06 – INFORMAÇÕES PROTEGIDAS

A garantia da proteção das informações, entendidas como ativos intangíveis de alto valor, é um aspecto-chave para a gestão de cibersegurança, envolvendo questões tanto tecnológicas quanto éticas e operacionais.

O Programa de Informações Protegidas (PG06) tem por objetivo definir políticas e estabelecer um processo de gestão robusto e transparente na organização, que assegure o cumprimento das obrigações de cibersegurança relativas à proteção das informações e à garantia da privacidade.

O processo deve abranger todo o ciclo de vida das informações, desde a captura, avaliação e controle de acesso até o tratamento ético, salvamento/recuperação, anonimização e destruição, bem como atendimento de solicitações de Titulares e órgãos reguladores, auditoria de segurança e privacidade, comunicação de incidentes e interoperabilidade em caso de exportação/importação.

Em particular, no âmbito da proteção de dados pessoais e atendimento da LGPD, existe a necessidade de alinhamento de diversos esforços para que os requisitos de privacidade sejam atendidos com a melhor relação de custo-benefício.

No escopo do Programa, temos a elaboração de cinco PSI que refinam os diferentes aspectos da proteção de informações no contexto da cibersegurança, conforme relacionado no Quadro 2.8.

Quadro 2.8 Políticas Complementares de Informações Protegidas

Política	Descrição
Política de Gestão de Segurança e Privacidade de Informações	Estabelece as regras de classificação e gestão da segurança e garantia da privacidade de informações, bem como processos e procedimentos padrões de reação em caso de emergências.
Política de Classificação de Informações e Sistemas de TIC	Estabelece as regras de classificação de segurança e privacidade de informações e sistemas de TIC, bem como processos e procedimentos padrões de proteção, cobrindo todo o ciclo de vida das informações.
Política de Compartilhamento de Informações sobre Incidentes de Cibersegurança	Define as regras de compartilhamento de informações sobre incidentes de cibersegurança, bem como processos e procedimentos padrões de aprovação, compartilhamento e controle de informações.
Política de Intercâmbio de Informações com Terceiros	Define as regras de Intercâmbio de Informações com Terceiros, assim como processos e procedimentos padrões de controle de fluxos e repositórios de informações.
Política de Atendimento a Requisições de Privacidade de Dados	Define regras de atendimento de requisições relacionadas à proteção de dados pessoais, estabelecendo processos e procedimentos padrões, cobrindo todo o ciclo de vida de requisições.

2.2.8 PG07 – GESTÃO DE TERCEIROS

O Programa de Gestão de Terceiros (PG07) tem seu foco em três aspectos principais: controle de contratos de prestação de serviços de terceiros; controle de cumprimento de requisitos de cibersegurança por parte de terceiros; e capacitação e conscientização de terceiros. Estabelece e controla os aspectos de cibersegurança do ciclo de vida de serviços terceirizados, cobrindo as seguintes fases:

1. Identificação de demanda
2. Pesquisa de fornecedores
3. Contratação
4. Integração de pessoas e serviços
5. Capacitação e conscientização de terceiros

6. Controle de pessoas e serviços
7. Monitoramento
8. Auditoria de gestão de riscos
9. Revisão e melhoria contínua
10. Encerramento

No escopo do Programa, temos a elaboração de uma Política Específica para Gestão de Terceiros, apresentada no Quadro 2.9.

Quadro 2.9 Política de Gestão de Terceiros

Política	Descrição
Política de Gestão de Contratos com Fornecedores de Cibersegurança	Estabelece as regras de classificação, processos e procedimentos padrões de gestão de contratos, serviços e pessoas, diretamente relacionados com as funções e atendimento de requisitos de cibersegurança, cobrindo todo o ciclo de vida.

2.2.9 PG08 – ATITUDES SEGURAS

O Programa de Atitudes Seguras (PG08) tem seu foco nas pessoas, no que tange aos aspectos de cibersegurança envolvidos. Ele estabelece um ciclo de vida de colaboradores e terceiros e define controles e requisitos que precisam ser atendidos em cada fase:

- Seleção
- Contratação
- Integração
- Capacitação e conscientização
- Avaliação do desempenho
- Promoção/transferência de cargo/área
- Gestão de riscos
- Avaliação periódica
- Desligamento

O fortalecimento da Cultura de Cibersegurança da organização também faz parte do Programa, envolvendo desde questões éticas e ações de conscientização em cibersegurança, bem como de bom uso de recursos de TIC, procedimentos de mesa limpa e proteção de tela, até procedimentos de utilização de dispositivos pessoais na empresa e ensaios de situações de emergência.

No escopo do Programa, temos a elaboração de cinco PSI que refinam os diferentes aspectos de Atitudes Seguras, conforme relacionado no Quadro 2.10.

Quadro 2.10 Políticas Complementares de Atitudes Seguras

Política	Descrição
Política de Capacitação e Conscientização em Cibersegurança	Define as regras de implantação e operação de um Programa de Capacitação e Conscientização em Cibersegurança, bem como processos e procedimentos padrões de avaliação do desempenho de colaboradores e terceiros.
Política de Gestão de Segurança de Pessoas	Define as regras de classificação e gestão de riscos segurança de pessoas, bem como processos e procedimentos padrões de avaliação do desempenho e controle em cada fase do ciclo de vida de uma contratação profissional.
Política de Utilização de Dispositivos Pessoais na Empresa	Estabelece regras de classificação e utilização de dispositivos móveis e computadores pessoais conectados à infraestrutura de TIC da organização, assim como processos e procedimentos de monitoramento de segurança de dispositivos móveis.
Política de Bom Uso de Recursos de TIC	Descreve as regras de classificação e utilização correta da infraestrutura física e lógica de TIC pelos usuários, assim como processos e procedimentos padrões de gestão de ativos de TIC.
Política de Mesa Limpa e Proteção de Tela	Estabelece as regras de controle de segurança do ambiente de trabalho, incluindo procedimentos preventivos e corretivos, como mesa limpa e configuração da proteção de tela de computador.

2.2.10 PG09 – GESTÃO DE INCIDENTES

O Programa de Gestão de Incidentes de Cibersegurança (PG09) endereça aspectos-chave operacionais e de comunicação de cibersegurança que precisam ser devidamente coordenados, visando reduzir o tempo de identificação e qualificação de incidentes, assim como o tempo de início de comunicação para diferentes públicos-alvo e respectivos conteúdos de mensagens.

No escopo do Programa, temos a elaboração de duas PSI que refinam a Gestão de Incidentes de Cibersegurança, conforme relacionado no quadro a seguir.

Quadro 2.11 Políticas Complementares de Gestão de Incidentes

Política	Descrição
Política de Reação a Incidentes de Cibersegurança	Estabelece as regras de classificação e reação a incidentes de cibersegurança, incluindo processos e procedimentos padrões cobrindo todo o ciclo de vida de um incidente, bem como equipes, papéis, responsabilidades e controles de incidentes.
Política de Comunicação de Incidentes de Cibersegurança	Descreve papéis e responsabilidades de elaboração do Plano de Comunicação de Incidentes e *kits* de comunicação para diferentes situações.

2.2.11 PG10 – SEGURANÇA FÍSICA

O Programa de Segurança Física (PG10) tem seu foco na prevenção e controle de riscos de segurança física, cobrindo aspectos de: controle de perímetro físico; controle de acesso a edificações e salas; controle de acesso à infraestrutura e aos equipamentos; controle de transporte de mídias e dispositivos de armazenamento de dados; controle de acesso e destruição de dispositivos de armazenamento de dados.

No escopo do Programa, temos a elaboração de quatro PSI que refinam a Segurança Física, apresentadas no Quadro 2.12.

Quadro 2.12 Políticas Complementares de Segurança Física

Política	Descrição
Política de Controle de Segurança Física	Define regras de classificação, processos e procedimentos padrões de operação e controle de segurança física de perímetro, edificações, infraestrutura, salas de equipamentos e *racks*.
Política de Controle de Segurança por Imagens de Vídeo	Estabelece a classificação, princípios de projeto e monitoramento de segurança física por imagens de câmeras de vídeo.
Política de Controle de Transporte de Mídias de Armazenamento de Dados	Define as regras de classificação, processos e procedimentos padrões de controle de segurança de transporte de mídias e dispositivos de armazenamento de dados.
Política de Destruição de Mídias de Armazenamento de Dados	Define as regras de classificação, processos e procedimentos padrões de controle de destruição de mídias e dispositivos de armazenamento de dados.

2.2.12 PG11 – GESTÃO DE ATIVOS

O Programa de Gestão de Ativos (PG11) estabelece os princípios de gestão de ativos de cibersegurança, buscando elevar o nível de segurança da organização de maneira sustentável e balanceada, por meio de uma ação coordenada que acompanha todo o ciclo de vida de cada ativo. Não fazem parte deste escopo ativos como edificações, infraestrutura de energia elétrica e de aterramento elétrico, refrigeração, hidráulica, bloqueios de acesso, sistema de CFTV e cabeamento de rede, e outros que tenham a mesma natureza.

São classificados como ativos de cibersegurança todos os elementos físicos ou digitais que contribuam para o cumprimento das obrigações de cibersegurança da Organização e que demandem um custo e tempo mensuráveis de recuperação, reconstrução ou revisão, caso sejam perdidos. O *hardware* de um servidor, o código de uma aplicação na *web*, os arquivos de configuração de um *firewall*, um algoritmo de criptografia e o comportamento seguro de um usuário de *ecommerce* são todos exemplos de ativos.

Podemos dividir os ativos de cibersegurança em duas categorias:

- *Tangíveis*: apresentam ciclo de vida físico envolvendo processos de aquisição, deslocamento, armazenamento, localização, desativação (*decommissioning*) e destruição.

- *Intangíveis*: são ativos de informação armazenados na forma digital, como *softwares*, configurações de dispositivos e equipamentos, metadados, algoritmos, chaves criptográficas, registros operacionais, licenças de *software*, certificações, manuais, relatórios, planos estratégicos e processos. Outros ativos intangíveis são: conhecimentos, imagem no mercado, valores da Cultura de Cibersegurança e habilidades interpessoais (*soft skills*), como liderança, empatia e alteridade.

No escopo do Programa, temos a elaboração de seis PSI que refinam os diferentes aspectos da Gestão Ativos, conforme relacionado no Quadro 2.13.

Quadro 2.13 Políticas Complementares de Gestão de Ativos

Política	Descrição
Política de Gestão de Ativos	Estabelece regras de identificação, classificação e acompanhamento de ativos em todo o ciclo de vida, assim como estabelece papéis e responsabilidades dos gestores dos ativos.
Política de Controle de Dispositivos e Mídias de Armazenamento de Dados	Define regras de classificação, controle, processos e procedimentos padrões de acesso e proteção de dispositivos de armazenamento de dados, como discos rígidos, fitas magnéticas, discos ópticos e *pendrives*.
Política de Controle de Equipamentos de TIC	Define regras de classificação, controle, processos e procedimentos padrões de proteção, desativação e descarte de equipamentos de TIC.
Política de Controle de Licenças, Contratos, Vulnerabilidades e Atualizações de *Software*	Define regras de classificação, controle, processos e procedimentos padrões de proteção de códigos, licenças, contratos, vulnerabilidades e atualizações de *softwares*.
Política de Gestão de Chaves e Algoritmos de Criptografia	Define regras de classificação, controles, processos e procedimentos padrões de proteção e gestão de chaves e algoritmos de criptografia.
Política de Controle de Registros Operacionais de TIC	Define regras de classificação, controle, processos e procedimentos de geração, acesso e proteção de registros operacionais da infraestrutura de TIC.

CAPÍTULO 3
CONTROLES PARA A
IMPLANTAÇÃO DA LGPD

Os controles aqui discutidos são uma parcela do conjunto definido pela metodologia BEST, restringindo-se apenas àqueles diretamente conectados à Lei Geral de Proteção de Dados Pessoais (LGPD). Para compatibilidade com a metodologia BEST, foram mantidos os identificadores de controle da metodologia completa.

O mapeamento dos artigos da LGPD identificou a aplicação de controles relativos aos seguintes programas:

- PG00 – Programa de Gestão de Cibersegurança e Segurança da Informação
- PG06 – Programa de Informações Protegidas
- PG03 – Programa de Continuidade de Negócios
- PG08 – Programa de Atitudes Seguras

A ordem lógica de implantação impõe o início pelos controles relativos ao PG00 – Programa de Gestão de Cibersegurança e Segurança da Informação. Esses controles, a rigor, não se referem diretamente à LGPD. Entretanto, a implantação do PG00 é necessária para que haja consistência e acompanhamento dos princípios da LGPD, além de ser uma forma de atender aos requisitos determinados em seu art. 50.

A seguir, recomenda-se a implantação do programa PG06 – Programa de Informações Protegidas, que inclui a maior parte das exigências relativas à LGPD. Os programas PG03 e PG08, a serem implantados parcialmente, completam o conjunto identificado diretamente com a LGPD. Graficamente, pode-se ilustrar este processo como na sugestão mostrada na Figura 3.1. Tal processo pode ser paralelizado.

Figura 3.1 Sugestão de ordem de implantação.

3.1 PG00 – PROGRAMA DE GESTÃO DE CIBERSEGURANÇA E SEGURANÇA DA INFORMAÇÃO

Entende-se que a implantação efetiva dos requisitos previstos na LGPD exige a instalação de um Sistema de Gestão apropriado às finalidades da LGPD e ao estágio organizacional e econômico de cada Organização, configurando assim o Sistema de Gestão de Cibersegurança e Segurança da Informação (SGCSI).

O art. 50 determina que os Controladores e Operadores poderão formular regras de boas práticas e governança, individualmente ou em grupo. A implantação do SGCSI é uma fonte para atender aos requisitos expressos nesse artigo.

De acordo com o artigo, a implantação de um programa de governança de proteção de dados exige que (art. 50):

a) demonstre o comprometimento do controlador em adotar processos e políticas internas que assegurem o cumprimento, de forma abrangente, de normas e boas práticas relativas à proteção de dados pessoais;

b) seja aplicável a todo o conjunto de dados pessoais que estejam sob seu controle, independentemente do modo como se realizou sua coleta;

c) seja adaptado à estrutura, à escala e ao volume de suas operações, bem como à sensibilidade dos dados tratados;

d) estabeleça políticas e salvaguardas adequadas com base em processo de avaliação sistemática de impactos e riscos à privacidade;

e) tenha o objetivo de estabelecer relação de confiança com o titular, por meio de atuação transparente e que assegure mecanismos de participação do titular;

f) esteja integrado a sua estrutura geral de governança e estabeleça e aplique mecanismos de supervisão internos e externos;

g) conte com planos de resposta a incidentes e remediação; e

h) seja atualizado constantemente com base em informações obtidas a partir de monitoramento contínuo e avaliações periódicas.

Esses requisitos são atendidos integralmente pela implantação do PG00 – Programa Gestão de Cibersegurança e Segurança da Informação, focado nessas demandas e que está dividido em quatro grupos de controles, a saber:

- GC0.1. Estruturação do SGCSI
- GC0.2. Implantação do SGCSI
- GC0.3. Manutenção do SGCSI
- GC0.4. Execução do SGCSI

Note que os controles relativos a estruturação, implantação, manutenção e execução do SGCSI estão separados apenas com o intuito de explicitar do processo. Entende-se necessário realizar uma estruturação inicial antes que se possa realizar a sua implantação. Por sua vez, a implantação deve ser faseada no tempo, respeitando os direcionadores de negócio da Organização; por exemplo, pode ser mais prioritário atender à implantação da LGPD do que à revisão da segurança de rede. A manutenção do SGCSI é uma demanda natural porque a Organização se altera: novas estruturas organizacionais, novos negócios, novas práticas precisam ser incorporados. Mas, para os processos ou áreas em que o SGCSI já está implantado, há de ser executado conforme determinado.

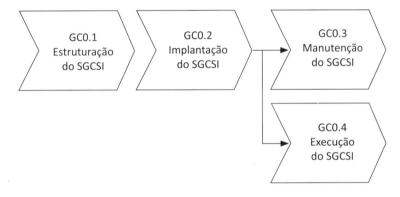

Figura 3.2 Sugestão de ordem de implantação.

3.1.1 GC0.1. – ESTRUTURAÇÃO DO SISTEMA DE GESTÃO DE CIBERSEGURANÇA E SEGURANÇA DA INFORMAÇÃO

3.1.1.1 C0.1.1. – Definir o Sistema de Gestão de Cibersegurança e Segurança da Informação (SGCSI)

LGPD	Sem correspondência direta. Elemento estruturante.

O SGCSI de uma Organização é uma ferramenta de gestão que caracteriza a definição e gerenciamento dos processos em Cibersegurança e Segurança da Informação, permitindo a verificação da eficácia das ações tomadas na busca da melhoria contínua dos processos.

A visão da metodologia BEST para o SGCSI está explicitada no Capítulo 2.

No contexto da metodologia BEST, o SGCSI já está pré-estruturado, entretanto aberto a alterações para casos específicos da atuação da Organização. A metodologia BEST define, de forma geral:

- Princípios em cibersegurança e segurança da informação;
- Metaprocessos: criação, alteração, extinção de processos;
- Gestão de políticas: criação, aprovação, revisão, extinção;
- Gestão de controles: criação, aprovação, revisão;
- Gestão de planos de ação: criação, aprovação, acompanhamento, avaliação da eficácia.

Parte essencial da adequação à estrutura de cada Organização é a definição de responsabilidades, dentro dos papéis já estabelecidos pela metodologia BEST, em consonância com a estrutura organizacional. Cada Organização, de acordo com sua visão e em cada momento, terá uma estrutura adequada no tocante aos papéis essenciais no SGCSI.[1] Cabe à Organização, dentro de calendários preestabelecidos, refletir sobre seu atual estágio e caracterizar a matriz RACI (Responsável, Aprovador, Consultado, Informado) para os processos.

Implementação

A execução deste controle implica verificar se foi definido um Sistema de Gestão com os objetivos anteriormente enunciados. Este documento deve ser registrado como Documento Interno.

3.1.1.2 C0.1.2. – Definir e aprovar a Política de Cibersegurança e Segurança da Informação (PCSI)

LGPD	Sem correspondência direta. Elemento estruturante.

A Política de Cibersegurança e Segurança da Informação, no contexto da metodologia BEST, é o documento de base para todas as ações em Cibersegurança e Segurança da Informação da Organização. Todas as outras políticas devem ser derivadas desta e devem respeitá-la.

A definição e aprovação da PCSI é um passo essencial na formalização dos processos de gestão de Cibersegurança e Segurança da Informação porque representa a pri-

---

1 Exemplo: se existir, o Departamento de Auditoria e *Compliance* pode ser responsável pelo acompanhamento dos ciclos de revisão. Se não existir, a função caberá a algum outro Responsável, como o *chief operations officer* (COO).

meira vez em que os processos do SGCSI serão efetivamente utilizados, culminando com sua aprovação.

É importante notar que a divulgação da PCSI já é parte da execução do processo de divulgação de políticas e normas, incluído nos controles do GC0.4. – Execução do SGCSI.

A metodologia BEST oferece um texto básico para a PCSI, que deve ser adaptado para cada Organização a fim de atender às exigências de seus negócios.

Implementação

A execução deste controle implica verificar a existência de uma Política de Cibersegurança e Segurança da Informação, sua revisão e refinamento, ou, caso ainda não exista, sua criação.

3.1.2 GC0.2. – IMPLANTAÇÃO DO SISTEMA DE GESTÃO DE CIBERSEGURANÇA E SEGURANÇA DA INFORMAÇÃO

3.1.2.1 C0.2.1. – Definir o calendário de implantação

LGPD	Sem correspondência direta. Elemento estruturante.

A abrangência dos temas em Cibersegurança e Segurança da Informação é bastante ampla, afetando todas as áreas da Organização e não somente a área de Tecnologia/Sistemas da Organização, como comumente se acredita.

Esta abrangência impede que haja uma implantação muito rápida e, por isso, torna-se necessário determinar um calendário de implantação. Novamente de forma pedagógica, o calendário inicial foi baseado em um controle específico, que permita a partida da implantação. As revisões do calendário ficam incluídas no controle operacional C0.2.2. – Acompanhar a implantação do SGCSI.

Implementação

A execução deste controle ocorre imediatamente após a publicação do SGCSI e implica verificar se um cronograma de implantação foi fixado e registrado como Documento Interno.

3.1.2.2 C0.2.2. – Acompanhar a implantação do SGCSI

LGPD	Sem correspondência direta. Elemento estruturante.

Com uma frequência determinada pelo PCSI, deve ser avaliada a implantação do SGCSI. A avaliação tem duas direções:

- analisar as implantações realizadas em relação às planejadas, adequando o calendário se necessário; e
- revisar a sequência de implantações, tendo em vista as mudanças nas prioridades da Organização.

Diversos motivos podem levar ao atraso na implantação de algum dos controles do SGCSI. A visão proposta pela metodologia BEST é que estes atrasos fiquem registrados e sejam comunicados à Alta Direção, sem que sejam utilizados processos de solução de não conformidades (planos de ação, análise de causa-raiz etc.) específicos: em vez deles, deve ser criado um *fast-track* de gestão de projeto, por seu caráter estratégico e potencial de risco.

Mais importante é a revisão da sequência de implantações, tendo em vista as prioridades da Organização. Esta visão dinâmica é característica da metodologia BEST, que compreende as mudanças do dia a dia das Organizações. Em vez de negar ou retardar essas mudanças, a metodologia BEST inclui a reflexão sobre seus impactos como princípio metodológico.

Implementação

A execução deste controle propõe-se a averiguar se as avaliações foram efetivamente realizadas na frequência determinada pela PCSI. A avaliação deve ser registrada em Documento Interno e deve conter minimamente:

- implantações realizadas no período;
- justificativa para implantações não realizadas e novas datas; e
- calendário revisado de implantação.

3.1.3 GC0.3. – MANUTENÇÃO DO SISTEMA DE GESTÃO DE CIBERSEGURANÇA E SEGURANÇA DA INFORMAÇÃO

A metodologia BEST entende que Cibersegurança é um alvo em movimento e que é necessário evoluir os conceitos para que novas realidades sejam incorporadas. Por este motivo, os processos de manutenção do SGCSI são essenciais para que ele se mantenha conectado e alinhado com os objetivos da Organização.

Cada elemento do SGCSI, inclusive ele próprio, deve ter um calendário de revisão. É adequado que as mudanças ocorram de acordo com o calendário predeterminado, para que não haja um excesso de trabalho revisional (se a frequência de revisão for alta), mas também não haja descompasso com a realidade (se a frequência de revisão for baixa). O processo de revisão está definido pelo SGCSI.

3.1.3.1 C0.3.1. – Revisar processos, políticas e normas de acordo com seu calendário

LGPD	Sem correspondência direta. Elemento estruturante.

Implementação

A execução deste controle implica analisar se todas as políticas e normas foram revisadas de acordo com o seu calendário.

3.1.3.2 C0.3.2. – Revisar o SGCSI de acordo com seu calendário

LGPD	Sem correspondência direta. Elemento estruturante.

A revisão do SGCSI deve acontecer de acordo com o calendário previsto.

Implementação

A execução deste controle implica analisar se o SGCSI foi revisado de acordo com o seu calendário.

3.1.4 GC0.4. – EXECUÇÃO DO SISTEMA DE GESTÃO DE CIBERSEGURANÇA E SEGURANÇA DA INFORMAÇÃO

3.1.4.1 C0.4.1. – Avaliar controles de acordo com o seu calendário

LGPD	Sem correspondência direta. Elemento estruturante.

A avaliação da eficácia e da eficiência dos controles deve ocorrer de acordo com o calendário previsto.

Implementação

A execução implica a avaliação dos controles de acordo com o seu calendário. Na ocorrência de não conformidades, adota-se o processo determinado pelo SGCSI para esta eventualidade.

3.1.4.2 C0.4.2. – Divulgação de políticas e normas

LGPD	Sem correspondência direta. Elemento estruturante.

A divulgação do SGCSI, particularmente de suas políticas e normas, é parte do processo educacional para a sensibilização para Cibersegurança e Segurança da Informação. A divulgação deve acontecer de forma adequada a cada Organização (intranet, servidor de arquivos etc.). Neste caso, deve-se envolver as áreas cabíveis (Recursos Humanos, Gente & Gestão, Comunicação Interna, Clima Organizacional e Marketing são exemplos, a depender de cada Organização).

Implementação

A execução deste controle destina-se a averiguar se todos os documentos do SGCSI estão acessíveis a todos os colaboradores da Organização e se estes documentos se encontram em sua versão mais atualizada.

3.2 PG06 – PROGRAMA DE INFORMAÇÕES PROTEGIDAS

O Programa de Informações Protegidas (PG06) é o que trata da proteção às Informações Sensíveis no âmbito do processamento e do armazenamento. Engloba os seguintes grupos de controles:

- *GC6.1. – Gerenciar requisitos para Informações Protegidas:* trata do estabelecimento do modelo de classificação de informações, da caracterização dos tratamentos e da arquitetura técnica, bem como do estabelecimento dos papéis de Controlador, Operador e Encarregado no contexto LGPD.
- *GC6.2. – Captura da Informação:* aborda os aspectos de captação de dados com a respectiva autorização do Titular.
- *GC6.3. – Avaliação da Informação:* trata da aplicação do modelo de classificação.
- *GC6.4. – Acesso à Informação:* trata dos controles e do registro de acesso às Informações Sensíveis.
- *GC6.5. – Remoção da Informação:* trata da exclusão de informações nas condições determinadas pela LGPD.
- *GC6.6. – Tratamento Ético:* determina quando o processamento pode ser considerado ético e, portanto, legítimo, além de abordar as hipóteses de tratamento previstas na LGPD.
- *GC6.7. – Acesso às mídias de armazenamento:* trata do acesso físico às Informações Sensíveis.
- *GC6.8. – Auditoria de Segurança e Privacidade:* trata das atividades de auditoria determinadas pela LGPD.
- *GC6.9. – Atendimento a Solicitações:* trata do atendimento de solicitações pelos diversos atores definidos na LGPD.
- *GC6.10. – Comunicação de Incidentes:* trata dos requisitos de comunicação à Autoridade Nacional de Proteção de Dados (ANPD).

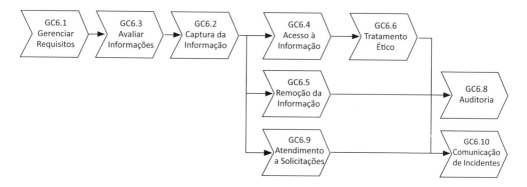

Figura 3.3 Sugestão de sequência de implantação do PG06.

Cada um dos grupos é discutido a seguir.

3.2.1 GC6.1. – GERENCIAR REQUISITOS PARA INFORMAÇÕES PROTEGIDAS

Este grupo contém controles que visam à determinação e manutenção de requisitos para que sejam aplicados aos demais controles do PG06, além de incluir controles que atendem a requisitos específicos de instrumentos legais, regulatórios e normas que fazem parte da metodologia BEST.

3.2.1.1 C6.1.1. – Determinar classes de valor das informações

LGPD	Artigo 1º; artigo 5º, inciso II.

A LGPD dispõe sobre o tratamento de Dados Pessoais com o "objetivo de proteger os direitos fundamentais de liberdade e privacidade e o livre desenvolvimento da personalidade da pessoa natural" (LGPD, art. 1º).

Trata-se, então, de determinar a classificação das Informações, separando minimamente os Dados Pessoais (portanto, protegidos pela LGPD) das demais informações. Inclusive, a lei dedica um artigo aos dados que não são escopo da lei, como visto no Capítulo 1.

A caracterização de Dados Pessoais pode ser quase consenso ou representar uma questão a ser discutida, particularmente nas situações a seguir. Assim, a caracterização do Dado Pessoal pode ser determinada pelo contexto:

- Informações Cadastrais: nome, data de nascimento, filiação, endereço físico, endereço eletrônico, entre outras, formam um conjunto de informações sobre o qual há certo consenso quanto a serem consideradas como Dados Pessoais.
- Informações Médicas: médicos consultados, exames realizados e seus resultados, medicamentos comprados, entre outras, formam um outro conjunto de informações

sobre o qual há também certo consenso em serem consideradas como Dados Pessoais, sendo, inclusive, considerados dados pessoais sensíveis, o que determina um cuidado maior.

- Informações Financeiras: endereços bancários, declaração de imposto de renda, movimentações de conta-corrente e de investimento, entre outras, também têm sido considerados como Informações Pessoais, e também com o agravante de serem sensíveis.

- Informações Funcionais: salários, cargos, horários de trabalho, períodos de férias, entre outras, podem ser considerados como propriedade da Empresa e não do Funcionário. Entretanto, o holerite pode ser considerado Dado Pessoal.

- Informações Publicadas: os dados divulgados em meios públicos, como nas redes sociais e mídia impressa, não são considerados Dados Pessoais (LGPD, art. 7º, parágrafo 4º).

- Informações de Consumo: os dados relativos ao histórico de compras em um determinado ambiente de compras eletrônico (e-commerce, TV sob demanda etc.) ou de consumo (vale-refeição, eletricidade, transporte) devem ser tratados como Dados Pessoais, sobretudo considerando o livre desenvolvimento da personalidade da pessoa natural (LGPD, art. 1º).

A LGPD destaca a subcategoria de Dados Pessoais Sensíveis, a qual inclui (LGPD, art. 5º, inciso II):

dado pessoal sobre origem racial ou étnica, convicção religiosa, opinião política, filiação a sindicato ou a organização de caráter religioso, filosófico ou político, dado referente à saúde ou à vida sexual, dado genético ou biométrico, quando vinculado a uma pessoa natural.

Restrições específicas relativas a Dados Pessoais sensíveis ainda serão definidas pela ANPD. Pode ser adequado para a Organização atribuir outros tipos de classificação aos dados, com aplicações sobre forma de divulgação ou mesmo nível de alçada necessário para acesso, preparando-se para atender à ISO 27001 no futuro. Essa norma não determina uma classificação, embora seja comum se adotar um modelo com quatro níveis de acesso, como:

- Confidencial (o mais alto nível de confidencialidade);
- Restrita (médio nível de confidencialidade);
- Uso interno (o mais baixo nível de confidencialidade);
- Pública (todos podem ver a informação).

Por serem diversas as classificações possíveis, adota-se, nesta publicação, o termo Informações Sensíveis para designar aquelas que devem ser objeto dos controles, incluindo neste caso os Dados Pessoais, sensíveis ou não, no contexto da LGPD.

Implementação

A execução deste controle determina que exista a classificação do valor das Informações, caracterizando minimamente os Dados Pessoais e Dados Pessoais Sensíveis das pessoas naturais, que estão sob a proteção da LGPD.

3.2.1.2 C6.1.2. – Caracterizar a arquitetura funcional, identificando a oferta de serviços

LGPD	Artigo 3º, inciso II.

A descrição dos tratamentos, seja para constituir uma oferta de bens ou serviços para o Titular ou terceiros, seja porque é interna a esta oferta, é necessária para diversas situações na execução dos controles. Assim, é necessário definir os tratamentos, ou melhor, a Arquitetura Funcional (*Functional Architecture*), expressão mais comumente usada nas áreas de Tecnologias da Informação e Comunicação.

Uma arquitetura funcional é "um modelo arquitetural que representa em alto nível as principais funcionalidades de um produto de *software* do ponto de vista do usuário e especifica as interações entre funções, internamente entre cada uma e externamente com outros produtos" (BRINKKEMPER; PACHIDI, 2010, p. 199, tradução nossa).

Implementação

A execução deste controle implica a evidenciação de um documento contendo a Arquitetura Funcional.

3.2.1.3 C6.1.3. – Caracterizar a arquitetura técnica, identificando o país onde acontecem os tratamentos

LGPD	Artigo 3º, inciso I.

A Arquitetura Técnica é o conjunto de elementos de computação, rede e armazenamento que executa as funcionalidades definidas pela Arquitetura Funcional. Para as finalidades dos controles aqui discutidos, é essencial caracterizar a localização geográfica dos elementos de computação e de armazenamento de dados.

A LGPD determina, em seu artigo 3º, que a sua aplicabilidade ocorre em condições em que:

I – a operação de tratamento seja realizada no território nacional;

II – a atividade de tratamento tenha por objetivo a oferta ou o fornecimento de bens ou serviços ou o tratamento de dados de indivíduos localizados no território nacional;

III – os dados pessoais objeto do tratamento tenham sido coletados no território nacional.

A priori, como se pode perceber no inciso I, a aplicação da LGPD depende de a operação de tratamento ser realizada no território nacional e, por isso, é preciso caracterizar a Arquitetura Técnica (na qual se detalha onde os tratamentos efetivamente acontecem) e sua localização geográfica (art. 3º, inciso I).

No entanto, ainda que o tratamento não tenha sido realizado no território nacional, a LGPD ainda pode ser aplicada se a oferta de bens ou serviços for voltada a indivíduos localizados no território nacional (art. 3º, inciso II). A Arquitetura Técnica deve também indicar quais tratamentos são efetuados para usuários localizados no Brasil. Finalmente, o artigo 3º, inciso III, indica uma condição variável, que é o local de coleta dos dados sensíveis, o que é tratado no controle C6.2.6.

Implementação

A execução deste controle implica evidenciar o documento de Arquitetura Técnica, com a determinação da localização geográfica dos elementos de computação e de armazenamento.

3.2.1.4 C6.1.4. – Indicar o Encarregado pelo tratamento de Dados Pessoais

LGPD	Artigo 5º, inciso VIII; artigo 41, *caput* e parágrafo 2º.

O Encarregado é uma pessoa indicada pelo Controlador e Operador para atuar como canal de comunicação entre os seguintes atores: Controlador, Titulares e ANPD.

Suas atribuições, segundo a LGPD (art. 42, parágrafo 2º), incluem:

I – aceitar reclamações e comunicações dos titulares, prestar esclarecimentos e adotar providências;

II – receber comunicações da autoridade nacional e adotar providências;

III – orientar os funcionários e os contratados da entidade a respeito das práticas a serem tomadas em relação à proteção de dados pessoais; e

IV – executar as demais atribuições determinadas pelo controlador ou estabelecidas em normas complementares.

O Encarregado é uma figura com papel bem determinado e permanente. No entanto, como visto no Capítulo 1, não é inquestionável que deva ser obrigatoriamente uma pessoa natural ou se é possível que seja uma pessoa jurídica.

Cada Controlador deve designar o Encarregado relativo aos tratamentos pelos quais é responsável, embora seja possível que uma mesma pessoa seja Encarregada de todos os tratamentos de uma Organização.

A LGPD não estabelece exigências sobre a relação funcional entre Controlador e Encarregado, além de determinar que o Encarregado deve ser indicado em conjunto com o Operador dos dados.

Implementação

A execução deste controle determina que deve haver um Documento Interno de designação do Encarregado e, possivelmente, também de seu suplente.

3.2.1.5 C6.1.5 – Divulgar informações do Encarregado pelo tratamento de dados pessoais

LGPD	Artigo 41, parágrafo 1º.

A LGPD exige que as informações de contato do Encarregado sejam divulgadas de forma clara e objetiva, preferencialmente no sítio eletrônico do Controlador.

Implementação

A execução deste controle implica evidenciar que as informações de contato do Encarregado estão divulgadas.

3.2.1.6 C6.1.6. – Indicação dos Operadores e o escopo de tratamento de cada um

LGPD	Artigo 5º, inciso VII.

Operadores, segundo a LGPD, são pessoas físicas ou jurídicas, de direito público ou privado, que realizam o tratamento de Dados Pessoais em nome do Controlador. Nesse contexto, é adequado entender que se trata dos responsáveis pelos Sistemas de Informação da Organização, não dos provedores de infraestrutura computacional.

Não há exigência para que Controlador e Operador sejam figuras distintas; assim, entende-se que é possível que sejam a mesma pessoa.

Ao permitir que o Operador seja uma pessoa jurídica, a LGPD abre espaço para que a própria Organização seja nomeada como Operador. Entretanto, pode--se adotar modelos de maior personalização, já que é possível que uma pessoa física seja nomeada, podendo caber tal papel ao *chief information officer* (CIO) ou ao *chief technology officer* (CTO), se analisado pelo viés tecnológico. No entanto, discute-se se essa atribuição não deveria estar na alçada do *chief of legal officer* (CLO), ou, ainda, do *chief of compliance* (CCO), visto que se trata de adequação normativa passível de sanções.

Pode ser adequado designar um Operador para cada linha de negócio da Organização. Neste caso, o escopo de Tratamento de Dados de cada um dos Operadores deverá ser explicitado, tornando adequado adotar-se um Modelo Funcional como o discutido no controle C6.1.2. – Caracterizar a Arquitetura Funcional.

Implementação

A execução deste controle determina que deve haver um Documento Interno de designação do Operador e, possivelmente, também de seu suplente.

3.2.1.7 C6.1.7. – Indicar os Controladores e o escopo de tratamento de cada um

LGPD	Artigo 5º, inciso VI.

Na visão da LGPD, o Controlador é uma pessoa física ou jurídica, de direito público ou privado, a quem competem as decisões sobre o Tratamento de Dados Pessoais.

Não há exigência que Controlador e Operador sejam figuras distintas; assim, entende-se que é possível que sejam a mesma pessoa.

Ao permitir que o Controlador seja uma pessoa jurídica, a LGPD abre espaço para que a própria Organização seja nomeada como tal. Entretanto, pode-se adotar modelos de maior personalização, com a nomeação de uma pessoa física, cabendo neste sentido naturalmente o papel ao *chief executive officer* (CEO) ou ao *chief product officer* (CPO).

Pode ser adequado designar um Controlador para cada a linha de negócio da Organização. Neste caso, o escopo de Tratamento de Dados de cada um dos Operadores deverá ser explicitado, tornando adequado adotar-se um Modelo Funcional como discutido no controle operacional C6.1.2. – Caracterizar a Arquitetura Funcional.

Implementação

A execução deste controle determina que deve haver um Documento Interno de designação do Controlador, assim como, possivelmente, de seu suplente.

3.2.2 GC6.2. – CAPTURA DA INFORMAÇÃO

3.2.2.1 C6.2.1. – Manter o inventário de informações sensíveis armazenadas, processadas, compartilhadas ou transmitidas

LGPD	Artigo 1º.

Para que seja possível ter a aplicação da LGPD é necessário que haja o inventário das Informações Sensíveis que são armazenadas, dos Tratamentos de Dados realizados e dos Compartilhamentos de Informações Sensíveis.

Este controle se relaciona ao inventário das Informações Sensíveis. O controle C6.1.2 trata mais especificamente do Tratamento de Dados, e o controle C6.2.2, mais especificamente do Compartilhamento.

Este controle foi incluído neste grupo para que, quando houver a Captura de Informações, seja possível determinar se essas informações devem ou não ser consideradas como dado sensível.

Implementação

A execução deste controle determina que deve haver um Documento Interno que caracterize as Informações Sensíveis. Preferencialmente, deve ser mantido de modo que possa ser compreendido por pessoa sem formação em tecnologia da informação e que não demande o uso de *softwares* específicos.

3.2.2.2 C6.2.2. – Informar tratamentos e compartilhamentos ao Titular

LGPD	Artigo 2º, incisos II, IV e VII; artigo 6º, inciso II; artigo 9º.

Os Tratamentos de Dados, identificados anteriormente (ver controle C6.1.2. – Manter Arquitetura Funcional), devem ser comunicados ao Titular antes que haja a captura de dados. Isso é necessário para que os princípios da LGPD sejam atingidos, particularmente a autodeterminação informativa (LGPD, art. 2º, inciso II), a inviolabilidade da intimidade, honra e imagem (art. 2º, inciso IV) e o livre desenvolvimento da personalidade (art. 2º, inciso VII).

Ainda, é necessário que esta informação seja compatível com os processamentos efetivamente realizados (LGPD, art. 6º, inciso II).

O consentimento para compartilhamento e transferência deve ser explícito (LGPD, art. 33, inciso VIII). Se o compartilhamento ou transferência for internacional, devem ser determinados os países para os quais o dado será transferido, vendido ou compartilhado. Assim, a informação deve ser apresentada explicitamente ao Usuário e Titular dos dados.

Esta informação deve ser compreensível para o público em geral, não especializado em nenhum assunto específico, aquele que o Direito chama de "homem médio". Deve ser apresentada antes que sejam fornecidos Dados Sensíveis. Se a interação acontece na internet, uma janela *pop-up* pode ser uma boa solução para esta demanda.

Este esclarecimento deve estar sempre disponível, de forma facilitada e gratuita (LGPD, art. 6º, incisos IV e VI) e dele devem constar (art. 9º):

I – finalidade específica do tratamento;

II – forma e duração do tratamento, observados os segredos comercial e industrial;

III – identificação do controlador;

IV – informações de contato do controlador;

V – informações acerca do uso compartilhado de dados pelo controlador e a finalidade;

VI – responsabilidades dos agentes que realizarão o tratamento; e

VII – direitos do titular, com menção explícita aos direitos contidos no art. 18 desta Lei.

Implementação

A execução deste controle consiste em evidenciar o informativo dos tratamentos e compartilhamentos realizados anteriormente ao fornecimento de Informações Sensíveis, contendo as informações requisitadas.

3.2.2.3 C6.2.3. – Obter consentimento do Titular ou Responsável por Menor

LGPD	Artigo 7º, inciso I; artigo 7º, parágrafos 4º e 5º; artigo 8º, *caput* e parágrafos 1º, 2º, 3º e 4º; artigo 11, inciso I; artigo 14, parágrafo 5º; artigo 33, inciso VIII.

Uma vez esclarecidos os Tratamentos de Dados que serão realizados, o Usuário e o Titular podem decidir prosseguir e fornecer dados sensíveis. Mas, antes, eles devem consentir que haja a captura das informações.

Esta exigência está explicitada no artigo 7º, inciso I da LGPD. Torna-se necessário registrar o consentimento, o que deve acontecer de forma escrita ou por outro meio (art. 8º). Destaca-se ainda que, se houver captura de Dados Pessoais Sensíveis (art. 5º, inciso II), deve haver consentimento destacado.

Em um contrato, o consentimento deve estar destacado em cláusula específica (LGPD, art. 8º, parágrafo 1º).

Possivelmente, ao iniciar o uso de uma aplicação, não se dispõe de nenhuma informação sobre o Usuário, restando, portanto, utilizar meios indiretos, como associar a sessão de uso (*web session*) à captura subsequente de dados e assim atender ao requisito de registro de consentimento (LGPD, art. 8º).

Em se tratando de menor de idade, o Controlador deve realizar todos os esforços razoáveis para verificar que o consentimento foi dado por um Responsável pela criança ou adolescente (LGPD, art. 14, parágrafo 5º).

O consentimento para compartilhamento e transferência deve ser explícito (LGPD, art. 33, inciso VIII; art. 7º, parágrafo 5º). Se o compartilhamento ou transferência for internacional, devem ser determinados os países de destino.

Cabe ao Controlador o ônus da prova de que o consentimento foi obtido. Desta forma, o Controlador deve possuir funcionalidades específicas para esta finalidade em suas aplicações (LGPD, art. 8º, parágrafo 2º).

É dispensada a exigência de consentimento para os dados tornados manifestamente públicos pelo Titular, resguardados os seus direitos, como a solicitação da remoção (LGPD, art. 7º, parágrafo 4º).

Segundo a LGPD, artigo 8º, parágrafo 3º, é vedado o Tratamento de Dados quando houver vício de consentimento, ou seja, quando o fornecimento dos dados não foi realizado de forma livre e espontânea, com o conhecimento das finalidades a que serão submetidos, ou sob qualquer uma das formas previstas no Código Civil (Dolo, Erro, Coação, Lesão e Estado de Perigo). Vale notar que os negócios derivados desta captura viciada serão nulos de direito (e não apenas anuláveis, como em algumas situações do Código Civil) (SOARES, 2019). A nulidade se estende aos casos em que as finalidades não forem informadas, sendo vedadas autorizações genéricas (LGPD, art. 8º, parágrafo 4º).

Implementação

A execução do controle implica a evidenciação de funcionalidade específica da aplicação para captura do consentimento e verificação do registro de consentimentos efetuados. Este registro deve conter:

- relação com identificação do Titular ou do Menor;
- relação com o responsável pelo Menor, quando for o caso;
- relação com a informação sobre Tratamento de Dados apresentada;
- autorização para transferência e compartilhamento, explicitamente capturada, quando for o caso;
- autorização obtida por terceiros (ver controle C6.2.4);
- região geográfica da captura (ver controle C6.2.7); e
- finalidade privada ou específica (ver controle C6.2.8).

Deve haver ainda a evidenciação de que a captura não acontecerá se não houver o consentimento.

3.2.2.4 C6.2.5. – Solicitar autorização para uso de informações capturadas por terceiros

LGPD	Artigo 7º, parágrafo 5º.

O uso de informações capturadas por terceiros somente deve ocorrer se ficar evidenciado que estes têm autorização para o compartilhamento (LGPD, art. 7º, parágrafo 5º).

Este controle complementa o controle C6.2.3. Está destacado por tratar-se de situação específica que não ocorre frequentemente e, portanto, pode ser simplesmente não aplicável.

Implementação

A execução deste controle implica a evidenciação de que os terceiros, fornecedores de dados, atendem aos controles C6.2.2 e C6.2.3, capturando explicitamente a autorização para compartilhamento.

3.2.2.5 C6.2.6. – Obter a região geográfica da captura

LGPD	Artigo 3º, inciso III; artigo 4º, inciso IV.

A LGPD aplica-se a Tratamentos de Dados, independentemente do meio, realizados por pessoa natural ou jurídica de qualquer país ou onde quer que os dados estejam armazenados, desde que a captura tenha sido realizada no Brasil (LGPD, art. 3º, inciso III).[2]

A lei não se aplica ao Tratamento de Dados Pessoais provenientes de fora do território nacional, a menos que se trate de uso compartilhado (LGPD, art. 4º, inciso IV).

Este controle complementa o controle C6.2.3. Está destacado por tratar-se de situação específica que não ocorre frequentemente e, portanto, pode ser simplesmente não aplicável.

Implementação

A execução deste controle implica a evidenciação do registro da região geográfica da captura, identificando se foi realizada no Brasil. Complementa o controle C6.2.3.

---

2   Os outros aspectos do artigo 3º da LGPD são tratados em outros controles.

3.2.2.6 C6.2.7. – Caracterizar captura para finalidades privadas ou específicas

LGPD	Artigo 4º, incisos I, II e III; artigo 4º, parágrafo 2º.

A LGPD *não* se aplica quando o Tratamento de Dados for (art. 4º, incisos I, II e III):

I – realizado por pessoa natural para fins exclusivamente particulares e não econômicos;

II – realizado para fins exclusivamente:

a) jornalísticos e artísticos; ou

b) acadêmicos, aplicando-se a esta hipótese os arts. 7º e 11 desta Lei;

III – realizado para fins exclusivos de:

a) segurança pública;

b) defesa nacional;

c) segurança do Estado; ou

d) atividades de investigação e repressão de infrações penais.

Note que o artigo 4º, parágrafo 2º, veda o Tratamento de Dados relativo à Segurança Pública e Defesa Nacional, referido no inciso III que acabamos de citar, a qualquer pessoa de direito privado, a menos em casos específicos.[3]

Este controle complementa o controle C6.2.3. Está destacado por tratar-se de situação específica que não ocorre frequentemente e, portanto, pode ser simplesmente não aplicável.

Implementação

A execução do controle implica a caracterização da captura para finalidades privadas ou específicas, conforme previsto no artigo 4º, incisos I e II. Complementa o controle C6.2.3.

3.2.3 GC6.3. – AVALIAÇÃO DA INFORMAÇÃO

3.2.3.1 C6.3.1. – Determinar valor da informação

LGPD	Artigo 1º; artigo 50, inciso II; artigo 33, inciso I.

---

3 Pode-se arguir que a proibição do artigo 4º, parágrafo 2º, inviabiliza negócios relacionados com segurança em ambientes públicos, como a identificação facial ou detecção de atitudes.

Cada informação constante do inventário (ver controle C6.2.1) deve ser classificada de acordo com as classes determinadas (ver controle C6.1.1).

Implementação

A execução deste controle implica verificar se todas as informações constantes do inventário (controle C6.2.1) estão classificadas de acordo com a categorização (ver controle C6.1.1).

3.2.4 GC6.4. – ACESSO À INFORMAÇÃO

A LGPD trata, de forma resumida, os aspectos de Cibersegurança determinando que "devem ser aplicadas medidas técnicas e administrativas aptas a proteger os dados pessoais de acessos não autorizados e de situações acidentais ou ilícitas de destruição, perda, alteração, comunicação ou difusão" (LGPD, art. 6º, inciso VII). A divisão nos diversos controles deste grupo foi realizada por conta da metodologia BEST, que realiza a sistematização de diversas normas em controles unificados.

3.2.4.1 C6.4.1. – Manter a lista de acesso às Informações Sensíveis

LGPD	Artigo 6º, inciso VII.

Manter a lista de acesso às Informações Sensíveis implica ter um mapeamento de quais aplicações acessam quais porções destas informações, além de determinar quais usuários administrativos têm acesso a quais porções destas informações.

Implica, portanto, a execução dos processos de atribuição/remoção de permissão de acesso para aplicações e usuários administrativos.

O uso de perfis específicos em Aplicações e para usuários administrativos pode facilitar a verificação da lista de acesso.

Implementação

A execução deste controle implica a verificação do processo de permissão de acesso por sistemas ou usuários administrativos. Tal processo, seja a inclusão seja remoção dos usuários, realiza a manutenção da lista de acesso. É desejável que esta lista possa ser escrita em formato inteligível, ou seja, capaz de ser compreendida por leigos.

3.2.4.2 C6.4.2. – Realizar o registro de acesso a Informações Sensíveis para leitura, alteração e remoção

LGPD	Artigo 6º, inciso VII.

Controles para a implantação da LGPD

O registro de acesso a Informações Sensíveis deve ser sempre realizado, particularmente no acesso por usuários administrativos e para operações de manutenção.

Este registro pode, eventualmente, ser realizado pelo próprio banco de dados relacional, registrando as *queries* dos usuários administrativos.

Operações de manutenção da base de dados também podem ser registradas por este mecanismo, sendo executadas em um perfil específico, que também registrará as *queries* executadas.

Implementação

A execução deste controle implica a verificação da existência do registro de acesso e da obrigatoriedade do registro, particularmente para usuários administrativos e operações de manutenção.

3.2.4.3 C6.4.3. – Revisar o registro de acesso às Informações Sensíveis

LGPD	Artigo 6º, inciso VII.

Este controle refere-se à análise da Lista de Acesso (ver controle C6.4.1), em relação ao Registro de Acesso (ver controle C6.4.2): apenas deve haver acessos autorizados e mapeados na Lista de Acesso.

Implementação

A execução deste controle implica a validação dos acessos realizados em relação aos acessos permitidos na Lista de Acesso.

3.2.4.4 C6.4.4. – Revisar as concessões de acesso a terceiros

LGPD	Artigo 16, inciso III.

Concessões a terceiros podem ocorrer desde que tenham sido autorizadas (ver controle C6.2.4), complementando-se eventualmente com as restrições para transferências internacionais (ver controle C6.4.6).

O controle implica a determinação dos terceiros para os quais as transferências foram autorizadas e a verificação de que estes cumprem a LGPD. Acordos específicos podem ser assinados a fim de determinar as condições de guarda compartilhada de dados.

No término do período de Tratamento de Dados, os dados podem ser conservados para a concessão a terceiros, desde que haja consentimento para tal (ver controle C6.2.4) (LGPD, art. 16, inciso III).

Implementação

A execução deste controle implica a verificação do atendimento à LGPD pelos terceiros para os quais haverá transferências.

3.2.4.5 C6.4.5. – Realizar o registro de acesso por terceiros a Informações Sensíveis

LGPD	Artigo 6º, inciso VII.

As transferências para terceiros devem ser registradas (log de transferência), para que seja possível realizar o rastreamento dessas transferências.

Em caso de compartilhamento do acesso a uma mesma base, deve haver o registro destes acessos. O uso direto de servidores de arquivo (*file servers*) compartilhados por diferentes Controladores deve, portanto, ser evitado, na medida em que dificulta o registro de acesso. São recomendadas soluções que permitam o registro de acesso, com uso de *readers* ou transferência (FTP, HTTP).

Implementação

A execução deste controle implica a verificação do registro de transferência para terceiros, que deve conter apenas transferências válidas de acordo com as concessões determinadas (ver controle C6.4.4).

3.2.4.6 C6.4.6. – Revisar o acesso internacional

LGPD	Artigo 33, incisos I, II e VI.

A transferência internacional somente é permitida para países que proporcionem grau de proteção de dados similar ao previsto na LGPD (art. 33, inciso I). A lista de países será determinada pela ANPD.[4]

Alternativamente, o Controlador pode oferecer garantias do cumprimento dos princípios da LGPD por meio de contratos (art. 33, inciso II) ou acordos de cooperação (art. 33, inciso VI).

Ainda, é possível realizar transferências internacionais desde que tenham sido explicitamente autorizadas pelo Titular, tendo este sido previamente informado do caráter internacional da operação, de maneira destacada frente as demais características que descrevem o tratamento das suas informações (ver controle C6.2.2).

---

4 Em dezembro de 2019, esta lista ainda não havia sido determinada.

Implementação

A execução deste controle implica a verificação do registro de transferência internacional, que deve conter apenas transferências válidas de acordo com as concessões determinadas.

3.2.5 GC6.5. – REMOÇÃO DA INFORMAÇÃO

Os princípios da LGPD, expressos em seu artigo 2º, pressupõem sobretudo que seja possível remover o consentimento ao Tratamento de Dados ou remover as Informações Sensíveis.

3.2.5.1 C6.5.1. – Prover mecanismo gratuito e facilitado para revogação do consentimento de acesso

LGPD	Artigo 8º, parágrafo 5º; artigo 15, inciso III; artigo 18, inciso IX.

A revogação de consentimento é um dos requerimentos que o Titular pode demandar ao Controlador (LGPD, art. 18, inciso IX).

A LGPD demanda que o titular possa revogar a qualquer momento o consentimento fornecido, por procedimento gratuito e facilitado (art. 8º, parágrafo 5º). Os tratamentos já realizados sob consentimento anteriormente fornecido devem ser mantidos até que haja o requerimento de eliminação (controle C6.5.3). O tratamento deve ser suspenso a partir da solicitação de revogação do consentimento (art. 15, inciso III).

Vale notar que o consentimento pode ser novamente fornecido, situação que possivelmente geraria uma interrupção no Tratamento de Dados durante o período em que não existisse consentimento. Por simplicidade, entende-se que o Controlador pode optar por também eliminar os dados. Se for este o caso, a situação deve ser esclarecida ao Titular.

A LGPD não determina um prazo máximo para que a solicitação seja atendida.

Implementação

A execução deste controle implica evidenciar que há mecanismo de solicitação gratuito e facilitado para a solicitação da revogação do consentimento.

Um mecanismo de controle de solicitações do Titular pode auxiliar no controle de atendimento de solicitações.

A execução do controle deve também evidenciar que os tratamentos não são aplicados aos dados do Titular que revogou seu consentimento, a partir da data em que a solicitação foi processada.

3.2.5.2 C6.5.2. – Eliminar Informações Sensíveis quando solicitado ou ao término do serviço

LGPD	Artigo 16; artigo 18, inciso VI; artigo 60, inciso X.

A eliminação de informações é uma das requisições que o Titular pode fazer ao Controlador (LGPD, art. 18, inciso VI). Deve, como todas as requisições do Titular, ser provida de forma gratuita (art. 18, inciso V). O prazo e os termos para o atendimento desta requisição devem ser previstos em regulamento da ANPD.[5]

A eliminação também deve ocorrer quando terminar o período informado para o Tratamento de Dados (LGPD, art. 16) ou quando encerrar-se a relação entre as partes (art. 60, parágrafo 1º).

É autorizada a conservação com as seguintes finalidades, expressas no artigo 16:

I – cumprimento de obrigação legal ou regulatória pelo controlador;

II – estudo por órgão de pesquisa, garantida, sempre que possível, a anonimização dos dados pessoais;

III – transferência a terceiro, desde que respeitados os requisitos de tratamento de dados dispostos nesta Lei; ou

IV – uso exclusivo do controlador, vedado seu acesso por terceiro, e desde que anonimizados os dados.

As condições de conservação expressas no inciso IV deste mesmo artigo pressupõem que as informações históricas, normalmente mantidas em sistemas de *Business Intelligence* (BI), podem ser mantidas desde que anonimizadas. Naturalmente, totalizações atendem a este requisito. Entretanto, as informações detalhadas de perfil de consumidor, por exemplo, podem requerer trabalho adicional de anonimização.

Recomenda-se que o Titular seja informado acerca de dados que não serão removidos, com a respectiva justificativa.

Embora não explicitamente citado, entende-se que as informações em *backup* podem ser mantidas, já que o artigo 16 preconiza que os esforços devem conservar-se dentro dos "limites técnicos das atividades" no atendimento de seus requisitos.

Implementação

A execução deste controle implica evidenciar que há mecanismo de solicitação de eliminação de dados. Um mecanismo de controle de solicitações do Titular pode auxiliar no controle de atendimento de solicitações.

---

5   Até dezembro de 2019, a ANPD ainda não havia sido instalada, e este regulamento, portanto, não estava definido.

Controles para a implantação da LGPD

A execução do controle deve também evidenciar que os dados foram removidos dos sistemas transacionais, ressalvadas as condições de conservação permitidas. Particularmente, o atendimento ao inciso I do artigo 16 pode implicar que a remoção somente ocorra no final do período legal de atendimento a requisitos regulatórios. Ainda, especial atenção deve ser dada ao armazenamento nos sistemas de BI, para análise da anonimização.

3.2.6 GC6.6. – TRATAMENTO ÉTICO

Os controles deste grupo são os de execução mais complexa, devido à dificuldade de se definir com precisão o que seria "tratamento ético".

3.2.6.1 C6.6.1. – Garantir que o processamento tem propósitos legítimos, explícitos e não discriminatórios

LGPD	Artigo 6º, incisos I, VIII e IX; artigo 7º, incisos II a X e parágrafos 3º, 6º, 7º; artigo 10 e seus incisos; artigo 11, inciso II e parágrafos 1º e 5º; artigo 13 e seus incisos; artigo 14 e seus incisos; artigo 15, incisos I e II; artigo 16, inciso II; artigo 18 parágrafo 2º; artigo 21.

O tratamento somente pode ser realizado nas condições identificadas no artigo 7º. Mais comumente relevantes são os incisos V e IX, que correspondem aos interesses do Titular ou do Controlador, respectivamente.

[...]

V – quando necessário para a execução de contrato ou de procedimentos preliminares relacionados a contrato do qual seja parte o titular, a pedido do titular dos dados;

[...]

IX – quando necessário para atender aos interesses legítimos do controlador ou de terceiro, exceto no caso de prevalecerem direitos e liberdades fundamentais do titular que exijam a proteção dos dados pessoais;[6]

---

6   Os incisos do artigo 7º são os seguintes: "I – mediante o fornecimento de consentimento pelo titular; II – para o cumprimento de obrigação legal ou regulatória pelo controlador; III – pela administração pública, para o tratamento e uso compartilhado de dados necessários à execução de políticas públicas previstas em leis e regulamentos ou respaldadas em contratos, convênios ou instrumentos congêneres, observadas as disposições do Capítulo IV desta Lei; IV – para a realização de estudos por órgão de pesquisa, garantida, sempre que possível, a anonimização dos dados pessoais; V – quando necessário para a execução de contrato ou de procedimentos preliminares relacionados a contrato do qual seja parte o titular, a pedido do titular dos dados; VI – para o exercício regular de direitos em processo judicial, administrativo ou arbitral, esse último nos termos da Lei nº 9.307, de 23 de setembro de 1996 (Lei de Arbitragem); VII – para a proteção da vida ou

A situação indicada no inciso V é a mais comum: o Titular fornece seus Dados Pessoais para celebrar um contrato com o Controlador. Incluem-se nessa instância situações como e-commerce, transações financeiras etc.

A situação indicada no inciso IX está sujeita a condicionais adicionais enunciadas no art. 10. O "legítimo interesse do Controlador" ocorre em situações como (COSTA, 2019):

- *Detecção de fraude:* captura de informações para monitorar, detectar e prevenir fraudes.
- *Tratamento de dados de empregados:* captura de dados como *background checks*, controle de entrada e saída, avaliação de desempenho, deslocamentos em viagens etc.
- *Desenvolvimentos e melhorias em produtos e serviços:* captura de avaliações, de cliques e outras informações para melhoria da experiência do usuário.
- *Atividades de marketing direto e outras formas promocionais:* oferta de marketing direto, análise de perfil de clientes etc.

O mesmo inciso IX estende a terceiros sua abrangência.

O artigo 6º exige que os tratamentos tenham propósitos legítimos, específicos, explícitos (art. 6º, inciso I) e tenham sido informados ao Titular (art. 6º, incisos I e II), sem possibilidade de tratamento posterior de forma incompatível com tais propósitos. Os tratamentos não podem ser discriminatórios (art. 6º, inciso IX) e devem buscar prevenir a ocorrência de danos (art. 6º, inciso VIII).[7]

O tratamento de dados públicos, para os quais não é necessário o consentimento do Titular, deve considerar a finalidade, boa-fé e o interesse público que justificaram sua disponibilização (art. 7º, parágrafo 3º).

Especial atenção deve ser dada ao Tratamento de Dados Pessoais Sensíveis, e estes estão determinados no artigo 11. Como indicado no controle C6.2.3, é preciso consentimento específico do Titular para o Tratamento de Dados Pessoais Sensíveis. Pode, entretanto, ser realizado em situações específicas, normalmente apenas permitidas ao Poder Público. É vedado às operadoras de planos privados de assistência à saúde o uso de Dados Pessoais Sensíveis na seleção de riscos na contratação de seus planos ou como critério de exclusão de beneficiários (artigo 11, parágrafo 5º).

Condições particulares, apresentadas no artigo 13, aplicam-se a órgãos de pesquisa quando estes conduzem estudos em saúde pública.

---

da incolumidade física do titular ou de terceiro; VIII – para a tutela da saúde, em procedimento realizado por profissionais da área da saúde ou por entidades sanitárias; VIII – para a tutela da saúde, exclusivamente, em procedimento realizado por profissionais de saúde, serviços de saúde ou autoridade sanitária; IX – quando necessário para atender aos interesses legítimos do controlador ou de terceiro, exceto no caso de prevalecerem direitos e liberdades fundamentais do titular que exijam a proteção dos dados pessoais; X – para a proteção do crédito, inclusive quanto ao disposto na legislação pertinente".

7 Exemplo: inclusão indevida no cadastro de devedores.

Controles para a implantação da LGPD **71**

O artigo 14 dispõe sobre o tratamento de Dados Pessoais de crianças e adolescentes. As questões mais relevantes desse artigo são as tratadas no controle C6.2.3, relativas à realização de esforços razoáveis para determinar-se quem é o responsável pela criança e, consequentemente, pelos dados das crianças e dos adolescentes (art. 14, parágrafo 5º), além daquelas tratadas no controle C6.6.2, refletidas no artigo 14, parágrafo 2º, que exigem que se mantenha pública a informação sobre os tipos de dados coletados.

O tratamento deve terminar (art. 15):

- quando a finalidade foi alcançada, ou
- chegou-se ao término do período determinado, ou
- houve requisição de término pelo Titular, ou
- houve determinação da ANPD.

As Informações Sensíveis devem ser eliminadas após o término do tratamento, nas condições tratadas no controle C6.5.4.

Implementação

A execução deste controle implica o conhecimento detalhado dos tratamentos realizados. Este conhecimento é objeto do controle C6.2.7.

Frequentemente, aplica-se a situação identificada no artigo 7º, inciso V, que justifica o tratamento de dados para a execução de um contrato com o Titular: normalmente, o Titular fornecerá seus dados na busca da contratação de um serviço prestado pelo Controlador. Desta forma, a legitimidade se caracteriza pela expectativa do Titular em relação ao serviço.

A justificativa pelo artigo 7º, inciso IX, exige uma caracterização adequada do "interesse legítimo", com a explicitação dos tratamentos concretos.

A prevenção de danos deve ser evidenciada nas situações em que for identificado potencial de danos. Por exemplo, a revisão manual antes de ação que pode causar dano é uma ação preventiva. Testes extensivos de condições que podem causar dano podem também evidenciar a busca da prevenção de danos.

Condições particulares aplicam-se aos casos de órgãos de pesquisa quando tratam de saúde pública, assim como ao tratamento de dados de crianças e adolescentes. Estas condições não serão detalhadas por esta publicação.

O término (ou não) do tratamento deve ser verificado e evidenciado.

3.2.6.2 C6.6.2. – Garantir exatidão, minimalidade e atualidade das Informações Sensíveis

LGPD	Artigo 6º, incisos III e V; artigo 10, parágrafo 1º; artigo 60.

Enquanto o controle 6.6.1 trata de condições relativas ao Tratamento de Dados, o C6.6.2 refere-se à Qualidade da Informação. São muitas as dimensões relativas à Qualidade de Dados, como exemplifica o trabalho de Calazans (2008) (Figura 3.4).

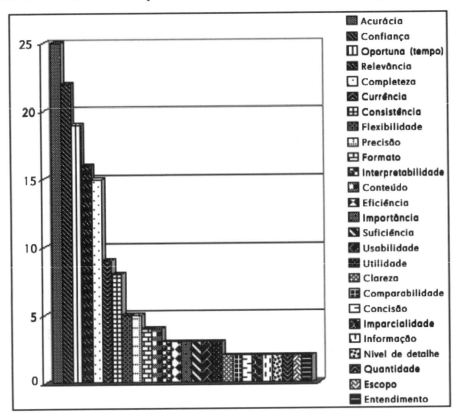

Figura 3.4 Conceitos em Qualidade de Dados encontrados na literatura. Fonte: Calazans (2008, p. 35).

Em seu artigo 6º, inciso V, a LGPD estabelece as características de Qualidade da Informação: exatidão, clareza, relevância e atualização, em relação ao tratamento. De particular relevância é a "Atualização" (na Figura 3.4, chamada de "oportuna"): o tratamento deve ser realizado em relação a dados atualizados e não a informações eventualmente desatualizadas.

O artigo 6º, inciso III, demanda, adicionalmente, que a coleta dos dados seja mínima, compatível com o mínimo necessário para a realização das finalidades do tratamento (art. 6º, inciso III; art. 10, parágrafo 1º; art. 60). Em relação aos conceitos em Qualidade da Informação na Figura 3.4, pode-se relacionar este requisito imposto pela lei no artigo 6º com a Suficiência, Concisão e Nível de Detalhe.

Implementação

A execução deste controle implica a análise das Informações Sensíveis, caracterizadas em C6.2.1, em relação aos tratamentos, caracterizados em C6.1.2, determinando-se:

Controles para a implantação da LGPD

- *Exatidão e Clareza:* todas as Informações Sensíveis capturadas estão corretas?
- *Minimalidade (Relevância, Suficiência, Concisão, Nível de Detalhe):* todos os Dados Pessoais Sensíveis capturados são necessários para o serviço oferecido e utilizados nos tratamentos?
- *Atualidade:* todos os Dados Pessoais Sensíveis capturados estão atualizados?

3.2.6.3 C6.6.3. – Garantir ao Titular o livre acesso, facilitado e gratuito, sobre finalidade, forma e duração do tratamento

LGPD	Artigo 6º, incisos IV e VI; artigo 9º, parágrafos 1º e 3º; artigo 10, parágrafo 2º; artigo 11, parágrafo 2º; artigo 14, parágrafos 2º e 6º; artigo 18, *caput* e inciso VIII.

Os esclarecimentos ao Titular sobre o tratamento não devem ser exibidos somente no momento da obtenção do consentimento do Titular. Este esclarecimento deve estar sempre disponível, de forma facilitada e gratuita (art. 6º, incisos IV e VI). Devem constar (art. 9º):

I – finalidade específica do tratamento;

II – forma e duração do tratamento, observados os segredos comercial e industrial;

III – identificação do controlador;

IV – informações de contato do controlador;

V – informações acerca do uso compartilhado de dados pelo controlador e a finalidade;

VI – responsabilidades dos agentes que realizarão o tratamento; e

VII – direitos do titular, com menção explícita aos direitos contidos no art. 18 desta Lei.

O artigo 18, citado no inciso VII, refere-se às requisições que o Titular pode realizar ao Controlador. Estas requisições são tratadas no controle C6.9.2.

Implementação

A execução deste controle implica evidenciar o acesso livre e gratuito ao Tratamento, de acordo com o conteúdo determinado pelo artigo 9º.

3.2.6.4 C6.6.4. – Garantir anonimização ou pseudonimização nas condições em que são exigidas

LGPD	Artigo 12; artigo 16, inciso IV.

A anonimização é requerida em tratamentos por órgãos de pesquisa, seja no momento em que realizam estudos (art. 7º, inciso IV; art. 11, parágrafo 2º, alínea c; artigo 13; artigo 16, inciso II) ou quando mantidos pelo Controlador após o término do Processamento (art. 16, inciso IV). Adicionalmente, pode ser requerida pelo Titular (art. 18, inciso IV).

A anonimização é conceituada como (art. 5º, inciso IX) a "utilização de meios técnicos razoáveis e disponíveis no momento do tratamento, por meio dos quais um dado perde a possibilidade de associação, direta ou indireta, a um indivíduo".

Já a pseudonimização é conceituada como (art. 13, parágrafo 4º) o "tratamento por meio do qual um dado perde a possibilidade de associação, direta ou indireta, a um indivíduo, senão pelo uso de informação adicional mantida separadamente pelo controlador em ambiente controlado e seguro".

Uma importante revisão comparativa entre as técnicas em cada uma destas classes é a análise realizada como suporte para a General Data Protection Regulation (GDPR), que se encontra no documento *Opinion 05/2014 on Anonymisation Techniques* (UNIÃO EUROPEIA, 2014).

Os dados anonimizados não serão considerados Dados Pessoais, a menos que seja possível realizar a reversão exclusivamente por meios próprios ou com esforços razoáveis em termos de custo e tempo (art. 12, parágrafo 1º).

A pseudonimização somente é apresentada como alternativa à anonimização no contexto de estudos de saúde realizados por órgãos de pesquisa (art. 13). Nos demais casos, somente a anonimização se aplica.

Pela definição, técnicas de criptografia de dados se enquadram como pseudonimização e, portanto, não podem ser usadas nos casos em que a anonimização é requerida. Isso deixa praticamente nenhum espaço de manobra para o Controlador no caso de solicitação de anonimização pelo Titular, restando-lhe provavelmente apenas a alternativa de interromper a prestação de serviços. Também os dados mantidos após o término do tratamento, que precisarão ser anonimizados, por esta razão somente poderão ser usados para análises de grupo.

Padrões e técnicas de anonimização poderão ser determinados pela ANPD (art. 12, parágrafo 2º).[8]

Implementação

A execução deste controle demanda que, inicialmente, se determine se estão presentes as condições que exigem anonimização (ou aceitam pseudonimização). Mais comumente, duas situações poderão estar presentes:

---

8 Até dezembro de 2019, a ANPD ainda não havia sido implantada.

Controles para a implantação da LGPD

- *Término do tratamento:* as informações podem ser mantidas em diversos locais, como nos sistemas de BI e planilhas, o que indica a verificação de anonimização nestes sistemas.
- *Solicitação do Titular:* é provável que não seja possível continuar a prestação de serviços quando houver solicitação de anonimização pelo Titular.

3.2.6.5 C6.6.8. – Comunicar mudanças no tratamento de dados

LGPD	Artigo 8º, parágrafo 6º; artigo 9º, parágrafo 2º.

As mudanças no tratamento devem ser comunicadas previamente ao Titular sempre que houver mudanças na finalidade que não estejam compatíveis com o consentimento original. A LGPD não estabelece um prazo de antecedência.

A LGPD não exige uma nova autorização do Titular, cabendo a este revogar o consentimento se não concordar com as novas condições.

Implementação

A execução deste controle implica a evidenciação da comunicação das mudanças no tratamento.

Adicionalmente, deve ser evidenciado o prazo de antecedência da comunicação ao início dos novos tratamentos.

3.2.6.6 C6.6.9. – Manter o registro (log) dos tratamentos efetuados

LGPD	Artigo 37.

O artigo 37 estabelece que "O controlador e o operador devem manter registro das operações de tratamento de dados pessoais que realizarem, especialmente quando baseado no legítimo interesse".

Assim, deve ser mantido o registro (log) de execução dos tratamentos, sejam automáticos ou manuais.

Implementação

A execução deste controle implica a evidenciação dos registros (logs) de execução dos tratamentos.

3.2.6.7 C6.6.10. – Verificar a observância de instruções de tratamento do Controlador ao Operador

LGPD	Artigo 39.

O artigo 39 exige que o Controlador verifique se o Operador realizou os tratamentos de acordo com suas instruções. Esta situação é particularmente importante quando Controlador e Operador são pessoas (naturais ou jurídicas) distintas, porque haverá responsabilização sobre aquele que infringir a legislação.

Uma forma de atender a esta demanda da LGPD é a formalização das especificações dos tratamentos, dentro de um contexto de desenvolvimento de *software* em que esta seja uma atividade obrigatória.

Implementação

A execução deste controle implica a evidenciação da comunicação entre Controlador e Operador, dentro de uma metodologia de desenvolvimento de *software* que seja efetivamente praticada.

3.2.6.8 C6.6.11. – Garantir a observância das atribuições do Encarregado

LGPD	Artigo 41, parágrafo 2º.

Cabe ao Encarregado (LGPD, art. 41, parágrafo 2º):

I – aceitar reclamações e comunicações dos titulares, prestar esclarecimentos e adotar providências;

II – receber comunicações da autoridade nacional e adotar providências;

III – orientar os funcionários e os contratados da entidade a respeito das práticas a serem tomadas em relação à proteção de dados pessoais; e

IV – executar as demais atribuições determinadas pelo controlador ou estabelecidas em normas complementares.

A atividade do inciso I está coberta pelo controle C6.9.2, registrar e atender solicitações do Titular. A atividade do inciso II está coberta pelo controle C6.9.1, registrar e atender solicitações da ANPD. A atividade do inciso III está coberta pelos controles do PG08, Atitudes Seguras.

Restam então as atividades do inciso IV, particularmente a execução de atribuições determinadas pelo Controlador. Para que seja possível verificar o cumprimento desta determinação da LGPD, é necessário que haja a formalização dessas atribuições, quando existirem, e também o registro de seu cumprimento.

Implementação

A execução deste controle exige a evidenciação das atribuições determinadas pelo Controlador, ou sua ausência, e também a evidenciação do registro de atividades do Encarregado no cumprimento destas atribuições.

3.2.7 GC6.7. – ACESSO A MÍDIA DE ARMAZENAMENTO

Os controles deste grupo não são diretamente referenciados na LGPD. A menção ao grupo foi mantida para indicar que faz parte da metodologia BEST, mas não é uma questão central na LGPD.

As questões técnicas são mencionadas, de forma genérica, no artigo 46 da LGPD: "Os agentes de tratamento devem adotar medidas de segurança, técnicas e administrativas aptas a proteger os dados pessoais de acessos não autorizados e de situações acidentais ou ilícitas de destruição, perda, alteração, comunicação ou qualquer forma de tratamento inadequado ou ilícito".

Entende-se que os controles caracterizados neste documento já trazem um nível inicial de atendimento aos requisitos do artigo 46. Ressalta-se que o atendimento absoluto ao citado artigo é o ideal da área de cibersegurança, mas é inatingível porque, a cada dia, novas ameaças aparecem e exigem novas medidas. Segurança é um tema *open ended*.

3.2.8 GC6.8. – AUDITORIA DE SEGURANÇA E PRIVACIDADE

3.2.8.1 C6.8.1. – Elaborar Relatório de Impacto à Proteção de Dados Pessoais

LGPD	Artigo 5º, inciso XVII; artigo 10, parágrafo 3º; artigo 38.

O Relatório de Impacto à Proteção de Dados Pessoais é definido pelo artigo 5º, inciso XVII: "documentação do controlador que contém a descrição dos processos de tratamento de dados pessoais que podem gerar riscos às liberdades civis e aos direitos fundamentais, bem como medidas, salvaguardas e mecanismos de mitigação de risco".

Este relatório poderá ser solicitado pela ANPD quando o tratamento tiver como fundamento o interesse legítimo (art. 10, parágrafo 3º) ou sempre que julgar necessário (art. 38).

Embora somente seja efetivamente necessário quando solicitado pela ANPD, a complexidade de elaboração deste tipo de documento sugere que seja gerado em intervalos regulares e, portanto, atualizado para apresentação quando eventualmente for solicitado.

Implementação

A execução deste controle implica a evidenciação do Relatório de Impacto à Proteção de Dados Pessoais.

3.2.9 GC6.9. – ATENDIMENTO DE SOLICITAÇÕES

3.2.9.1 C6.9.1. – Registrar e atender a solicitações da Autoridade Nacional de Proteção de Dados (ANPD) e de organismos de defesa do consumidor

LGPD	Artigo 10, parágrafo 3º; artigo 15, inciso IV; artigo 18, parágrafos 1º e 8º; artigo 20, parágrafo 2º; artigo 33, inciso V; artigo 38; artigo 54, parágrafo 1º; artigo 61.

A ANPD poderá peticionar:

- pelo término ou suspensão dos tratamentos (art. 15, inciso IV);
- pelo Relatório de Impacto à Proteção de Dados (art. 10, parágrafo 3º; art. 38);
- pela execução de auditoria para verificação de aspectos discriminatórios em casos de tratamento automatizado, em atendimento à solicitação de algum Titular (art. 20, parágrafo 2º);
- pela autorização de transferência internacional (art. 33, inciso V);
- pelas intimações e multas (art. 54, parágrafo 1º);
- pelos atos processuais previstos na LGPD, mesmo quando empresa estrangeira (art. 61);
- pela divulgação de incidentes nos meios de divulgação (art. 48, parágrafo 2º, inciso I);
- pela execução de medidas para reverter ou mitigar os efeitos do incidente (art. 48, parágrafo 2º, inciso II).

O Titular pode peticionar contra o Controlador junto à ANPD (art. 18, parágrafo 1º) ou junto a organismos de defesa do consumidor (art. 18, parágrafo 8º).

O uso de um sistema para registro das requisições e acompanhamento do atendimento de requisições é uma ideia para atendimento a este controle.

Controles para a implantação da LGPD

Implementação

A execução deste controle implica a evidenciação de um mecanismo para registro das solicitações recebidas da ANPD e dos organismos de defesa do consumidor. Implica também a verificação do atendimento às solicitações dentro dos prazos estabelecidos.

3.2.9.2 C6.9.2. – Registrar e atender a solicitações do Titular

LGPD	Artigos 18, 19 e 20.

As requisições do Titular incluem (art. 18):

I – confirmação da existência de tratamento;

II – acesso aos dados;

III – correção de dados incompletos, inexatos ou desatualizados;

IV – anonimização, bloqueio ou eliminação de dados desnecessários, excessivos ou tratados em desconformidade com o disposto nesta Lei;

V – portabilidade dos dados a outro fornecedor de serviço ou produto, mediante requisição expressa, de acordo com a regulamentação da autoridade nacional, observados os segredos comercial e industrial;

VI – eliminação dos dados pessoais tratados com o consentimento do titular, exceto nas hipóteses previstas no art. 16 desta Lei;

VII – informação das entidades públicas e privadas com as quais o controlador realizou uso compartilhado de dados;

VIII – informação sobre a possibilidade de não fornecer consentimento e sobre as consequências da negativa;

IX – revogação do consentimento, nos termos do § 5º do art. 8º desta Lei.

Adicionalmente, de acordo com o artigo 20:

O titular dos dados tem direito a solicitar a revisão de decisões tomadas unicamente com base em tratamento automatizado de dados pessoais que afetem seus interesses, incluídas as decisões destinadas a definir o seu perfil pessoal, profissional, de consumo e de crédito ou os aspectos de sua personalidade

§ 1º O controlador deverá fornecer, sempre que solicitadas, informações claras e adequadas a respeito dos critérios e dos procedimentos utilizados para a decisão automatizada, observados os segredos comercial e industrial.

O atendimento às requisições do Titular deve ser feito sem custo (art. 18, parágrafo 5º), em prazos e termos previstos em regulamento emitido pela ANPD.[9] Apenas para os casos de confirmação de existência ou acesso a dados (art. 18, incisos I e II) são estabelecidos prazos na própria lei.

A confirmação de existência ou acesso a dados (art. 18, incisos I e II) poderá ser emitida (art. 19, incisos I e II):

I – em formato simplificado, *imediatamente*; ou

II – por meio de declaração clara e completa, que indique a origem dos dados, a inexistência de registro, os critérios utilizados e a finalidade do tratamento, observados os segredos comercial e industrial, fornecida no prazo de até *15 (quinze) dias*, contado da data do requerimento do titular.

Destaca-se que os prazos de atendimento estão estabelecidos. O atendimento imediato, no caso do formato simplificado, implica a existência de uma função sistêmica que atenda a esta solicitação. Possivelmente, dado o exíguo prazo de 15 dias, pode ser adequado fornecer imediatamente a forma completa, já que é pouco provável que esta possa ser manualmente executada.

A confirmação de existência ou acesso a dados (art. 18, incisos I e II) poderá ser fornecida (art. 19, parágrafo 2º), a critério do Titular: "I – por meio eletrônico, seguro e idôneo para esse fim; ou II – sob forma impressa".

Como cabe ao Titular decidir o formato da resposta nestes casos, é necessário capturar sua vontade no momento da solicitação. Pode-se considerar que a resposta por e-mail atende ao inciso I como mecanismo eletrônico seguro e idôneo. Já que as solicitações devem ser atendidas gratuitamente, fica a dúvida sobre o pagamento dos custos de envio, principalmente no caso da forma impressa. A simples disponibilização para retirada pode atender a este requisito.

A solicitação de portabilidade (art. 18, inciso V) não inclui dados que já tenham sido anonimizados pelo Controlador (art. 18, parágrafo 7º). Esta limitação é, na realidade, uma consequência da anonimização: na medida em que não pode ser revertida, não há como determinar o Titular dos dados e, portanto, realizar a portabilidade.

O uso de um sistema para registro das requisições e acompanhamento do atendimento de requisições é uma ideia para o atendimento a este controle.

Implementação

A execução deste controle implica a evidenciação de um mecanismo para registro das solicitações recebidas do Titular. Implica também a verificação do atendimento

---

9 Regulamento não disponível até maio de 2020.

Controles para a implantação da LGPD

às solicitações dentro dos prazos estabelecidos, particularmente para confirmação de existência ou acesso a dados (art. 18, incisos I e II), em que os prazos já estão definidos na LGPD.

3.2.9.3 C6.9.3. – Comunicar solicitações do Titular a terceiros agentes de tratamento

LGPD	Artigo 18, parágrafo 6º.

As requisições do Titular e da ANPD devem ser imediatamente comunicadas aos agentes de tratamento com os quais o Controlador tenha compartilhado dados. Esta comunicação deve incluir os casos de correção, eliminação, anonimização ou bloqueio de dados. Ou seja, nem todas as requisições do Titular são comunicadas.

A comunicação pode não ser realizada se comprovadamente impossível ou se demandar esforço desproporcional.

O uso de um sistema para registro das requisições do Titular é novamente recomendável, como no caso do controle C6.9.2. É possível automatizar a comunicação realizada a agentes de tratamento com os quais os dados tenham sido compartilhados.

Não há exigência de que o Controlador verifique se as requisições foram efetivamente atendidas pelos agentes de tratamento comunicados.

Implementação

A execução deste controle implica a evidenciação de um mecanismo que comunica as requisições do Titular, nos casos previstos, aos agentes com os quais houve compartilhamento de dados.

3.2.10 GC6.10. – COMUNICAÇÃO DE INCIDENTES

3.2.10.1 C6.10.1. – Comunicar incidentes à ANPD

LGPD	Artigo 48.

É obrigação do Controlador comunicar incidente de segurança que possa acarretar risco ou dano relevante aos Titulares, em tempo razoável.[10] Contudo, a LGPD não

---

10 A GDPR estabelece 72 horas.

define o que considera "incidente de segurança", nem como caracterizar "risco ou dano relevante" aos Titulares.

Dentre os possíveis incidentes de segurança, merecem destaque, neste contexto, os "vazamentos de informações pessoais" (*personal data breach*). De acordo com o Information Comissioner's Office (ICO) do Reino Unido, o vazamento de informações pessoais pode ser definido como um "incidente de segurança que afeta a confidencialidade, integridade ou disponibilidade dos dados pessoais". Ou seja, pode ocorrer quando dados pessoais são perdidos, destruídos, corrompidos, revelados (sem autorização) ou indisponibilizados (por exemplo, por criptografia por um vírus).

A comunicação deverá conter, segundo a LGPD (art. 48):

I – a descrição da natureza dos dados pessoais afetados;

II – as informações sobre os titulares envolvidos;

III – a indicação das medidas técnicas e de segurança utilizadas para a proteção dos dados, observados os segredos comercial e industrial;

IV – os riscos relacionados ao incidente;

V – os motivos da demora, no caso de a comunicação não ter sido imediata; e

VI – as medidas que foram ou que serão adotadas para reverter ou mitigar os efeitos do prejuízo.

Implementação

A execução deste controle implica a evidenciação da comunicação à ANPD acerca dos incidentes de segurança relevantes, no formato determinado pela LGPD.

A identificação de incidentes de segurança acontece em muitos dos processos da metodologia BEST que não são tratados neste volume.

3.3 PG03 – PROGRAMA DE CONTINUIDADE DE NEGÓCIOS

A metodologia BEST endereça vários outros aspectos da questão de Continuidade de Negócios que não foram aqui discutidos porque não têm referência direta na LGPD.

3.3.1 GC3.1. – *BACKUP*

3.3.1.1 C3.1.1. – Realizar *backup* de dados automaticamente

| LGPD | Artigo 6º, inciso VII; artigo 46. |

A LGPD ressalta a questão da perda das informações no artigo 6º, inciso VII, e no artigo 46.

A realização de *backup* dos dados, portanto, é uma forma de atender a este requisito.

Implementação

A execução deste controle implica a evidenciação da existência de *backups* periódicos, preferencialmente atendendo a uma política de *backup* formalmente enunciada. Também inclui a verificação da consistência dos *backups*, possivelmente com sua recuperação, caso não haja uma rotina automática de verificação desta consistência.

3.4 PG08 – PROGRAMA DE ATITUDES SEGURAS

A metodologia BEST endereça vários outros aspectos na questão de Atitudes Seguras que não foram aqui discutidos porque não têm referência direta na LGPD.

3.4.1 GC8.2. – TREINAMENTO

3.4.1.1 C8.2.1. – Realizar treinamento em Segurança da Informação

LGPD	Artigo 41, parágrafo 2º, inciso III; artigo 50.

A Engenharia Social tem sido o principal fator para vazamentos de informações pessoais e outros tipos de incidentes de segurança. Ela acontece quando alguém se utiliza de métodos de persuasão (como e-mails falsos ou até ameaça física) para obter acesso não autorizado a equipamentos e informações.

O treinamento em Segurança da Informação previsto na metodologia tem o objetivo de instruir todos os colaboradores (funcionários, contratados e visitantes) sobre o tema, ensinando cuidados para evitar a Engenharia Social.

Para a lei, este também é um assunto importante, tanto que a educação para Segurança é referenciada no artigo 50, como responsabilidade de Controladores e Operadores na constituição de boas práticas.

Da mesma forma, este tema aparece também como uma das atribuições do Encarregado, a de orientar funcionários e contratados (art. 41, parágrafo 2º, inciso III).

Implementação

A execução deste controle se verifica evidenciando a existência de treinamentos em Segurança da Informação, ou seja, deve haver evidências de que os treinamentos foram realizados por funcionários e contratados.

CAPÍTULO 4
LEI GERAL DE
PROTEÇÃO DE DADOS PESSOAIS (LGPD)

Neste último capítulo, é feita uma leitura da lei e, a cada artigo, apontado o controle correspondente na metodologia BEST. Assim, os Capítulos 3 e 4 são espelhos: enquanto o anterior se preocupa em apresentar os controles da metodologia com os artigos correspondentes, neste, a pretensão é contrária.

***

CAPÍTULO I
DISPOSIÇÕES PRELIMINARES

Art. 1º Esta Lei dispõe sobre o tratamento de dados pessoais, inclusive nos meios digitais, por pessoa natural ou por pessoa jurídica de direito público ou privado, com o objetivo de proteger os direitos fundamentais de liberdade e de privacidade e o livre desenvolvimento da personalidade da pessoa natural.

Parágrafo único. As normas gerais contidas nesta Lei são de interesse nacional e devem ser observadas pela União, Estados, Distrito Federal e Municípios. (Incluído pela Lei nº 13.853, de 2019)

Art. 2º A disciplina da proteção de dados pessoais tem como fundamentos:

I – o respeito à privacidade;

II – a autodeterminação informativa;

III – a liberdade de expressão, de informação, de comunicação e de opinião;

86 *Lei Geral de Proteção de Dados Pessoais (LGPD): guia de implantação*

IV – a inviolabilidade da intimidade, da honra e da imagem;

V – o desenvolvimento econômico e tecnológico e a inovação;

VI – a livre iniciativa, a livre concorrência e a defesa do consumidor; e

VII – os direitos humanos, o livre desenvolvimento da personalidade, a dignidade e o exercício da cidadania pelas pessoas naturais.

Art. 3º Esta Lei aplica-se a qualquer operação de tratamento realizada por pessoa natural ou por pessoa jurídica de direito público ou privado, independentemente do meio, do país de sua sede ou do país onde estejam localizados os dados, desde que:

> **C6.6.6 Identificar País onde Acontecem Tratamentos.**

I – a operação de tratamento seja realizada no território nacional;

> **C6.6.7 Caracterização da Arquitetura Funcional.**

II – a atividade de tratamento tenha por objetivo a oferta ou o fornecimento de bens ou serviços ou o tratamento de dados de indivíduos localizados no território nacional; ou (Redação dada pela Lei nº 13.853, de 2019)

> **C6.2.6 Capturar a Região Geográfica.**

III – os dados pessoais objeto do tratamento tenham sido coletados no território nacional.

§ 1º Consideram-se coletados no território nacional os dados pessoais cujo titular nele se encontre no momento da coleta.

§ 2º Excetua-se do disposto no inciso I deste artigo o tratamento de dados previsto no inciso IV do caput do art. 4º desta Lei.

Art. 4º Esta Lei não se aplica ao tratamento de dados pessoais:

> **C6.2.7 Caracterizar Captura para Finalidades Privadas Específicas.**

I – realizado por pessoa natural para fins exclusivamente particulares e não econômicos;

II – realizado para fins exclusivamente:

a) jornalístico e artísticos; ou

> **C6.2.7 Caracterizar Captura para Finalidades Privadas Específicas.**

b) acadêmicos, aplicando-se a esta hipótese os arts. 7º e 11 desta Lei;

III – realizado para fins exclusivos de:

a) segurança pública;

b) defesa nacional;

c) segurança do Estado; ou

d) atividades de investigação e repressão de infrações penais; ou

Lei Geral de Proteção de Dados Pessoais (LGPD)

IV – provenientes de fora do território nacional e que não sejam objeto de comunicação, uso compartilhado de dados com agentes de tratamento brasileiros ou objeto de transferência internacional de dados com outro país que não o de proveniência, desde que o país de proveniência proporcione grau de proteção de dados pessoais adequado ao previsto nesta Lei.

§ 1º O tratamento de dados pessoais previsto no inciso III será regido por legislação específica, que deverá prever medidas proporcionais e estritamente necessárias ao atendimento do interesse público, observados o devido processo legal, os princípios gerais de proteção e os direitos do titular previstos nesta Lei.

> Aguardando legislação específica.

§ 2º É vedado o tratamento dos dados a que se refere o inciso III do caput deste artigo por pessoa de direito privado, exceto em procedimentos sob tutela de pessoa jurídica de direito público, que serão objeto de informe específico à autoridade nacional e que deverão observar a limitação imposta no § 4º deste artigo.

> C6.2.7 Caracterizar Captura para Finalidades Privadas Específicas.

§ 3º A autoridade nacional emitirá opiniões técnicas ou recomendações referentes às exceções previstas no inciso III do caput deste artigo e deverá solicitar aos responsáveis relatórios de impacto à proteção de dados pessoais.

> Aguardando legislação específica.

§ 4º Em nenhum caso a totalidade dos dados pessoais de banco de dados de que trata o inciso III do caput deste artigo poderá ser tratada por pessoa de direito privado, salvo por aquela que possua capital integralmente constituído pelo poder público. (Redação dada pela Lei nº 13.853, de 2019)

> C6.2.6 Capturar Região Geográfica da Captura do Dado.

Art. 5º Para os fins desta Lei, considera-se:

I – dado pessoal: informação relacionada a pessoa natural identificada ou identificável;

> Simples definição conceitual.

II – dado pessoal sensível: dado pessoal sobre origem racial ou étnica, convicção religiosa, opinião política, filiação a sindicato ou a organização de caráter religioso, filosófico ou político, dado referente à saúde ou à vida sexual, dado genético ou biométrico, quando vinculado a uma pessoa natural;

III – dado anonimizado: dado relativo a titular que não possa ser identificado, considerando a utilização de meios técnicos razoáveis e disponíveis na ocasião de seu tratamento;

IV – banco de dados: conjunto estruturado de dados pessoais, estabelecido em um ou em vários locais, em suporte eletrônico ou físico;

C6.1.6 Indicar os Controladores e o escopo de tratamento de cada um.

C6.1.5 Indicar os Operadores e o escopo de tratamento de cada um.

C6.1.2 Indicar Encarregado.

Simples definição conceitual.

V – titular: pessoa natural a quem se referem os dados pessoais que são objeto de tratamento;

VI – controlador: pessoa natural ou jurídica, de direito público ou privado, a quem competem as decisões referentes ao tratamento de dados pessoais;

VII – operador: pessoa natural ou jurídica, de direito público ou privado, que realiza o tratamento de dados pessoais em nome do controlador;

VIII – encarregado: pessoa indicada pelo controlador e operador para atuar como canal de comunicação entre o controlador, os titulares dos dados e a Autoridade Nacional de Proteção de Dados (ANPD); (Redação dada pela Lei nº 13.853, de 2019)

IX – agentes de tratamento: o controlador e o operador;

X – tratamento: toda operação realizada com dados pessoais, como as que se referem a coleta, produção, recepção, classificação, utilização, acesso, reprodução, transmissão, distribuição, processamento, arquivamento, armazenamento, eliminação, avaliação ou controle da informação, modificação, comunicação, transferência, difusão ou extração;

XI – anonimização: utilização de meios técnicos razoáveis e disponíveis no momento do tratamento, por meio dos quais um dado perde a possibilidade de associação, direta ou indireta, a um indivíduo;

XII – consentimento: manifestação livre, informada e inequívoca pela qual o titular concorda com o tratamento de seus dados pessoais para uma finalidade determinada;

XIII – bloqueio: suspensão temporária de qualquer operação de tratamento, mediante guarda do dado pessoal ou do banco de dados;

XIV – eliminação: exclusão de dado ou de conjunto de dados armazenados em banco de dados, independentemente do procedimento empregado;

XV – transferência internacional de dados: transferência de dados pessoais para país estrangeiro ou organismo internacional do qual o país seja membro;

XVI – uso compartilhado de dados: comunicação, difusão, transferência internacional, interconexão de dados pessoais ou tratamento compartilhado de bancos de dados pessoais por órgãos e entidades públicos no cumprimento de suas competências legais, ou entre esses e entes privados, reciprocamente, com autorização específica, para uma ou mais modalidades de tratamento permitidas por esses entes públicos, ou entre entes privados;

XVII – relatório de impacto à proteção de dados pessoais: documentação do controlador que contém a descrição dos processos de tratamento de dados pessoais que podem gerar riscos às liberdades civis e aos direitos fundamentais, bem como medidas, salvaguardas e mecanismos de mitigação de risco;

XVIII – órgão de pesquisa: órgão ou entidade da administração pública direta ou indireta ou pessoa jurídica de direito privado sem fins lucrativos legalmente constituída sob as leis brasileiras, com sede e foro no País, que inclua em sua missão institucional ou em seu objetivo social ou estatutário a pesquisa básica ou aplicada de caráter histórico, científico, tecnológico ou estatístico; e (Redação dada pela Lei nº 13.853, de 2019)

XIX – autoridade nacional: órgão da administração pública responsável por zelar, implementar e fiscalizar o cumprimento desta Lei em todo o território nacional. (Redação dada pela Lei nº 13.853, de 2019)

Art. 6º As atividades de tratamento de dados pessoais deverão observar a boa-fé e os seguintes princípios:

> C6.6.1 Garantir o Tratamento Ético.

I – finalidade: realização do tratamento para propósitos legítimos, específicos, explícitos e informados ao titular, sem possibilidade de tratamento posterior de forma incompatível com essas finalidades;

> C6.6.1 Garantir o Tratamento Ético.

II – adequação: compatibilidade do tratamento com as finalidades informadas ao titular, de acordo com o contexto do tratamento;

> C6.6.2 Garantir integralidade e atualidade dos dados.

III – necessidade: limitação do tratamento ao mínimo necessário para a realização de suas finalidades, com abrangência dos dados pertinentes, proporcionais e não excessivos em relação às finalidades do tratamento de dados;

> C6.6.3 Garantir livre acesso a finalidade, forma e duração do tratamento.

IV – livre acesso: garantia, aos titulares, de consulta facilitada e gratuita sobre a forma e a duração do tratamento, bem como sobre a integralidade de seus dados pessoais;

> C6.6.2 Garantir integralidade e atualidade dos dados.

V – qualidade dos dados: garantia, aos titulares, de exatidão, clareza, relevância e atualização dos dados, de acordo com a necessidade e para o cumprimento da finalidade de seu tratamento;

> C6.6.3 Garantir livre acesso a finalidade, forma e duração do tratamento.

VI – transparência: garantia, aos titulares, de informações claras, precisas e facilmente acessíveis sobre a realização do tratamento e os respectivos agentes de tratamento, observados os segredos comercial e industrial;

VII – segurança: utilização de medidas técnicas e administrativas aptas a proteger os dados pessoais de acessos não autorizados e de situações acidentais ou ilícitas de destruição, perda, alteração, comunicação ou difusão;

C6.4.1; C6.4.2; C6.4.4; C6.4.5.

C6.6.1 Garantir o Tratamento Ético.

VIII – prevenção: adoção de medidas para prevenir a ocorrência de danos em virtude do tratamento de dados pessoais;

IX – não discriminação: impossibilidade de realização do tratamento para fins discriminatórios ilícitos ou abusivos;

Processo PG00 C6.8.2 Relatório de Impacto de Tratamento de Dados Pessoais.

X – responsabilização e prestação de contas: demonstração, pelo agente, da adoção de medidas eficazes e capazes de comprovar a observância e o cumprimento das normas de proteção de dados pessoais e, inclusive, da eficácia dessas medidas.

CAPÍTULO II
DO TRATAMENTO DE DADOS PESSOAIS

Seção I
Dos Requisitos para o Tratamento de Dados Pessoais

Art. 7º O tratamento de dados pessoais somente poderá ser realizado nas seguintes hipóteses:

C6.2.3 Obter consentimento.

I – mediante o fornecimento de consentimento pelo titular;

C6.6.1 Garantir o Tratamento Ético.

II – para o cumprimento de obrigação legal ou regulatória pelo controlador;

III – pela administração pública, para o tratamento e uso compartilhado de dados necessários à execução de políticas públicas previstas em leis e regulamentos ou respaldadas em contratos, convênios ou instrumentos congêneres, observadas as disposições do Capítulo IV desta Lei;

IV – para a realização de estudos por órgão de pesquisa, garantida, sempre que possível, a anonimização dos dados pessoais;

V – quando necessário para a execução de contrato ou de procedimentos preliminares relacionados a contrato do qual seja parte o titular, a pedido do titular dos dados;

VI – para o exercício regular de direitos em processo judicial, administrativo ou arbitral, esse último nos termos da Lei nº 9.307, de 23 de setembro de 1996 (Lei de Arbitragem) ;

Lei Geral de Proteção de Dados Pessoais (LGPD)

VII – para a proteção da vida ou da incolumidade física do titular ou de terceiro;

VIII – para a tutela da saúde, exclusivamente, em procedimento realizado por profissionais de saúde, serviços de saúde ou autoridade sanitária; (Redação dada pela Lei nº 13.853, de 2019)

IX – quando necessário para atender aos interesses legítimos do controlador ou de terceiro, exceto no caso de prevalecerem direitos e liberdades fundamentais do titular que exijam a proteção dos dados pessoais; ou

X – para a proteção do crédito, inclusive quanto ao disposto na legislação pertinente.

§ 1º (Revogado). (Redação dada pela Lei nº 13.853, de 2019)

§ 2º (Revogado). (Redação dada pela Lei nº 13.853, de 2019)

§ 3º O tratamento de dados pessoais cujo acesso é público deve considerar a finalidade, a boa-fé e o interesse público que justificaram sua disponibilização.

> C6.6.1 Garantir o Tratamento Ético.

§ 4º É dispensada a exigência do consentimento previsto no caput deste artigo para os dados tornados manifestamente públicos pelo titular, resguardados os direitos do titular e os princípios previstos nesta Lei.

> C6.2.3 Obter consentimento.

§ 5º O controlador que obteve o consentimento referido no inciso I do caput deste artigo que necessitar comunicar ou compartilhar dados pessoais com outros controladores deverá obter consentimento específico do titular para esse fim, ressalvadas as hipóteses de dispensa do consentimento previstas nesta Lei.

> C6.2.4 Obter consentimento para compartilhar;
> C6.2.5 Solicitar autorização para uso obtido por terceiros.

§ 6º A eventual dispensa da exigência do consentimento não desobriga os agentes de tratamento das demais obrigações previstas nesta Lei, especialmente da observância dos princípios gerais e da garantia dos direitos do titular.

> C6.6.1 Garantir o Tratamento Ético.

§ 7º O tratamento posterior dos dados pessoais a que se referem os §§ 3º e 4º deste artigo poderá ser realizado para novas finalidades, desde que observados os propósitos legítimos e específicos para o novo tratamento e a preservação dos direitos do titular, assim como os fundamentos e os princípios previstos nesta Lei. (Incluído pela Lei nº 13.853, de 2019)

Art. 8º O consentimento previsto no inciso I do art. 7º desta Lei deverá ser fornecido por escrito ou por outro meio que demonstre a manifestação de vontade do titular.

> C6.2.3 Obter consentimento.

§ 1º Caso o consentimento seja fornecido por escrito, esse deverá constar de cláusula destacada das demais cláusulas contratuais.

§ 2º Cabe ao controlador o ônus da prova de que o consentimento foi obtido em conformidade com o disposto nesta Lei.

§ 3º É vedado o tratamento de dados pessoais mediante vício de consentimento.

§ 4º O consentimento deverá referir-se a finalidades determinadas, e as autorizações genéricas para o tratamento de dados pessoais serão nulas.

C6.5.2 Prover mecanismo facilitado para revogação do consentimento.

§ 5º O consentimento pode ser revogado a qualquer momento mediante manifestação expressa do titular, por procedimento gratuito e facilitado, ratificados os tratamentos realizados sob amparo do consentimento anteriormente manifestado enquanto não houver requerimento de eliminação, nos termos do inciso VI do caput do art. 18 desta Lei.

C6.6.8 Comunicar mudanças no tratamento.

§ 6º Em caso de alteração de informação referida nos incisos I, II, III ou V do art. 9º desta Lei, o controlador deverá informar ao titular, com destaque de forma específica do teor das alterações, podendo o titular, nos casos em que o seu consentimento é exigido, revogá-lo caso discorde da alteração.

C6.6.3 Garantir livre acesso a finalidade, forma e duração de tratamento.

Art. 9º O titular tem direito ao acesso facilitado às informações sobre o tratamento de seus dados, que deverão ser disponibilizadas de forma clara, adequada e ostensiva acerca de, entre outras características previstas em regulamentação para o atendimento do princípio do livre acesso:

I – finalidade específica do tratamento;

II – forma e duração do tratamento, observados os segredos comercial e industrial;

III – identificação do controlador;

IV – informações de contato do controlador;

V – informações acerca do uso compartilhado de dados pelo controlador e a finalidade;

VI – responsabilidades dos agentes que realizarão o tratamento; e

C6.6.3 Garantir livre acesso a finalidade, forma e duração de tratamento.

VII – direitos do titular, com menção explícita aos direitos contidos no art. 18 desta Lei.

§ 1º Na hipótese em que o consentimento é requerido, esse será considerado nulo caso as informações fornecidas ao

Lei Geral de Proteção de Dados Pessoais (LGPD)

titular tenham conteúdo enganoso ou abusivo ou não tenham sido apresentadas previamente com transparência, de forma clara e inequívoca.

§ 2º Na hipótese em que o consentimento é requerido, se houver mudanças da finalidade para o tratamento de dados pessoais não compatíveis com o consentimento original, o controlador deverá informar previamente o titular sobre as mudanças de finalidade, podendo o titular revogar o consentimento, caso discorde das alterações.

C6.6.8 Comunicar mudanças no tratamento.

§ 3º Quando o tratamento de dados pessoais for condição para o fornecimento de produto ou de serviço ou para o exercício de direito, o titular será informado com destaque sobre esse fato e sobre os meios pelos quais poderá exercer os direitos do titular elencados no art. 18 desta Lei.

C6.6.3 Garantir livre acesso a finalidade, forma e duração de tratamento.

Art. 10. O legítimo interesse do controlador somente poderá fundamentar tratamento de dados pessoais para finalidades legítimas, consideradas a partir de situações concretas, que incluem, mas não se limitam a:

C6.6.1 Garantir o Tratamento Ético.

I – apoio e promoção de atividades do controlador; e

II – proteção, em relação ao titular, do exercício regular de seus direitos ou prestação de serviços que o beneficiem, respeitadas as legítimas expectativas dele e os direitos e liberdades fundamentais, nos termos desta Lei.

C6.6.2 Garantir integralidade e atualidade dos dados.

§ 1º Quando o tratamento for baseado no legítimo interesse do controlador, somente os dados pessoais estritamente necessários para a finalidade pretendida poderão ser tratados.

§ 2º O controlador deverá adotar medidas para garantir a transparência do tratamento de dados baseado em seu legítimo interesse.

C6.6.3 Garantir livre acesso a finalidade, forma e duração de tratamento.

§ 3º A autoridade nacional poderá solicitar ao controlador relatório de impacto à proteção de dados pessoais, quando o tratamento tiver como fundamento seu interesse legítimo, observados os segredos comercial e industrial.

C6.8.2 Geração do Relatório de Impacto à Proteção.

Seção II
Do Tratamento de Dados Pessoais Sensíveis

Art. 11. O tratamento de dados pessoais sensíveis somente poderá ocorrer nas seguintes hipóteses:

C6.2.3 Obter consentimento.

I – quando o titular ou seu responsável legal consentir, de forma específica e destacada, para finalidades específicas;

94
Lei Geral de Proteção de Dados Pessoais (LGPD): guia de implantação

C6.6.1 Garantir o Tratamento Ético.

II – sem fornecimento de consentimento do titular, nas hipóteses em que for indispensável para:

a) cumprimento de obrigação legal ou regulatória pelo controlador;

b) tratamento compartilhado de dados necessários à execução, pela administração pública, de políticas públicas previstas em leis ou regulamentos;

c) realização de estudos por órgão de pesquisa, garantida, sempre que possível, a anonimização dos dados pessoais sensíveis;

d) exercício regular de direitos, inclusive em contrato e em processo judicial, administrativo e arbitral, este último nos termos da Lei nº 9.307, de 23 de setembro de 1996 (Lei de Arbitragem) ;

e) proteção da vida ou da incolumidade física do titular ou de terceiro;

f) tutela da saúde, exclusivamente, em procedimento realizado por profissionais de saúde, serviços de saúde ou autoridade sanitária; ou (Redação dada pela Lei nº 13.853, de 2019)

g) garantia da prevenção à fraude e à segurança do titular, nos processos de identificação e autenticação de cadastro em sistemas eletrônicos, resguardados os direitos mencionados no art. 9º desta Lei e exceto no caso de prevalecerem direitos e liberdades fundamentais do titular que exijam a proteção dos dados pessoais.

C6.6.1 Garantir o Tratamento Ético.

§ 1º Aplica-se o disposto neste artigo a qualquer tratamento de dados pessoais que revele dados pessoais sensíveis e que possa causar dano ao titular, ressalvado o disposto em legislação específica.

C6.6.3 Garantir livre acesso a finalidade, forma e duração de tratamento.

§ 2º Nos casos de aplicação do disposto nas alíneas "a" e "b" do inciso II do caput deste artigo pelos órgãos e pelas entidades públicas, será dada publicidade à referida dispensa de consentimento, nos termos do inciso I do caput do art. 23 desta Lei.

Aguardando legislação específica.

§ 3º A comunicação ou o uso compartilhado de dados pessoais sensíveis entre controladores com objetivo de obter vantagem econômica poderá ser objeto de vedação ou de regulamentação por parte da autoridade nacional, ouvidos os órgãos setoriais do Poder Público, no âmbito de suas competências.

§ 4º É vedada a comunicação cu o uso compartilhado entre controladores de dados pessoais sensíveis referentes à saúde com objetivo de obter vantagem econômica, exceto nas hipóteses relativas a prestação de serviços de saúde, de assistência farmacêutica e de assistência à saúde, desde que observado o § 5º deste artigo, incluídos os serviços auxiliares de diagnose e terapia, em benefício dos interesses dos titulares de dados, e para permitir: (Redação dada pela Lei nº 13.853, de 2019)

C6.4.4 Compartilhamento de Informações com Terceiros.

I – a portabilidade de dados quando solicitada pelo titular; ou (Incluído pela Lei nº 13.853, de 2019)

II – as transações financeiras e administrativas resultantes do uso e da prestação dos serviços de que trata este parágrafo. (Incluído pela Lei nº 13.853, de 2019)

§ 5º É vedado às operadoras de planos privados de assistência à saúde o tratamento de dados de saúde para a prática de seleção de riscos na contratação de qualquer modalidade, assim como na contratação e exclusão de beneficiários. (Incluído pela Lei nº 13.853, de 2019)

C6.6.1 Garantir o Tratamento Ético.

Art. 12. Os dados anonimizados não serão considerados dados pessoais para os fins desta Lei, salvo quando o processo de anonimização ao qual foram submetidos for revertido, utilizando exclusivamente meios próprios, ou quando, com esforços razoáveis, puder ser revertido.

C6.6.4 Garantir anonimização.

§ 1º A determinação do que seja razoável deve levar em consideração fatores objetivos, tais como custo e tempo necessários para reverter o processo de anonimização, de acordo com as tecnologias disponíveis, e a utilização exclusiva de meios próprios.

§ 2º Poderão ser igualmente considerados como dados pessoais, para os fins desta Lei, aqueles utilizados para formação do perfil comportamental de determinada pessoa natural, se identificada.

C6.6.4 Garantir anonimização.

§ 3º A autoridade nacional poderá dispor sobre padrões e técnicas utilizados em processos de anonimização e realizar verificações acerca de sua segurança, ouvido o Conselho Nacional de Proteção de Dados Pessoais.

Aguardando legislação específica.

Art. 13. Na realização de estudos em saúde pública, os órgãos de pesquisa poderão ter acesso a bases de dados pessoais, que serão tratados exclusivamente dentro do órgão e estritamente para a finalidade de realização de estudos e pesquisas e mantidos em ambiente controlado e seguro, conforme práticas de segurança previstas em regulamento específico e que incluam, sempre que possível, a anonimização ou pseudonimização dos dados, bem como considerem os devidos padrões éticos relacionados a estudos e pesquisas.

C6.6.1 Garantir o Tratamento Ético.

96 · Lei Geral de Proteção de Dados Pessoais (LGPD): guia de implantação

§ 1º A divulgação dos resultados ou de qualquer excerto do estudo ou da pesquisa de que trata o caput deste artigo em nenhuma hipótese poderá revelar dados pessoais.

§ 2º O órgão de pesquisa será o responsável pela segurança da informação prevista no caput deste artigo, não permitida, em circunstância alguma, a transferência dos dados a terceiro.

Aguardando legislação específica.

§ 3º O acesso aos dados de que trata este artigo será objeto de regulamentação por parte da autoridade nacional e das autoridades da área de saúde e sanitárias, no âmbito de suas competências.

Simples definição conceitual.

§ 4º Para os efeitos deste artigo, a pseudonimização é o tratamento por meio do qual um dado perde a possibilidade de associação, direta ou indireta, a um indivíduo, senão pelo uso de informação adicional mantida separadamente pelo controlador em ambiente controlado e seguro.

Seção III
Do Tratamento de Dados Pessoais de Crianças e de Adolescentes

C6.6.1 Garantir o Tratamento Ético.

Art. 14. O tratamento de dados pessoais de crianças e de adolescentes deverá ser realizado em seu melhor interesse, nos termos deste artigo e da legislação pertinente.

C6.2.3 Obter consentimento.

§ 1º O tratamento de dados pessoais de crianças deverá ser realizado com o consentimento específico e em destaque dado por pelo menos um dos pais ou pelo responsável legal.

C6.6.3 Garantir livre acesso a finalidade, forma e duração de tratamento.

§ 2º No tratamento de dados de que trata o § 1º deste artigo, os controladores deverão manter pública a informação sobre os tipos de dados coletados, a forma de sua utilização e os procedimentos para o exercício dos direitos a que se refere o art. 18 desta Lei.

C6.6.1 Garantir o Tratamento Ético.

§ 3º Poderão ser coletados dados pessoais de crianças sem o consentimento a que se refere o § 1º deste artigo quando a coleta for necessária para contatar os pais ou o responsável legal, utilizados uma única vez e sem armazenamento, ou para sua proteção, e em nenhum caso poderão ser repassados a terceiro sem o consentimento de que trata o § 1º deste artigo.

§ 4º Os controladores não deverão condicionar a participação dos titulares de que trata o § 1º deste artigo em jogos, aplicações de internet ou outras atividades ao fornecimento

Lei Geral de Proteção de Dados Pessoais (LGPD)

de informações pessoais além das estritamente necessárias à atividade.

§ 5º O controlador deve realizar todos os esforços razoáveis para verificar que o consentimento a que se refere o § 1º deste artigo foi dado pelo responsável pela criança, consideradas as tecnologias disponíveis.

C6.2.3 Obter consentimento.

§ 6º As informações sobre o tratamento de dados referidas neste artigo deverão ser fornecidas de maneira simples, clara e acessível, consideradas as características físico-motoras, perceptivas, sensoriais, intelectuais e mentais do usuário, com uso de recursos audiovisuais quando adequado, de forma a proporcionar a informação necessária aos pais ou ao responsável legal e adequada ao entendimento da criança.

C6.6.3 Garantir livre acesso a finalidade, forma e duração de tratamento.

Seção IV
Do Término do Tratamento de Dados

C6.6.1 Garantir o Tratamento Ético.

Art. 15. O término do tratamento de dados pessoais ocorrerá nas seguintes hipóteses:

I – verificação de que a finalidade foi alcançada ou de que os dados deixaram de ser necessários ou pertinentes ao alcance da finalidade específica almejada;

II – fim do período de tratamento;

C6.5.3 Comunicar ao Titular o direito de revogação.

III – comunicação do titular, inclusive no exercício de seu direito de revogação do consentimento conforme disposto no § 5º do art. 8º desta Lei, resguardado o interesse público; ou

IV – determinação da autoridade nacional, quando houver violação ao disposto nesta Lei.

C6.9.1 Registrar e atender a solicitações da Autoridade Nacional (ANPD).

Art. 16. Os dados pessoais serão eliminados após o término de seu tratamento, no âmbito e nos limites técnicos das atividades, autorizada a conservação para as seguintes finalidades:

C6.5.4 Eliminar os dados pessoais.

C6.5.4 Eliminar os dados pessoais.

I – cumprimento de obrigação legal ou regulatória pelo controlador;

C6.6.1 Garantir o Tratamento Ético.

II – estudo por órgão de pesquisa, garantida, sempre que possível, a anonimização dos dados pessoais;

C6.4.4 Compartilhamento de Informações com Terceiros.

III – transferência a terceiro, desde que respeitados os requisitos de tratamento de dados dispostos nesta Lei; ou

IV – uso exclusivo do controlador, vedado seu acesso por terceiro, e desde que anonimizados os dados.

C6.6.4 Garantir anonimização dos dados.

CAPÍTULO III
DOS DIREITOS DO TITULAR

Simples definição conceitual.

C6.8.1 Elaboração de Relatório de Tratamento de Dados;
C6.9.2 Registrar e atender a solicitações do Titular.

C6.8.1 Elaboração de Relatório de Tratamento de Dados.

C6.11.1 Exportar dados para terceiros;
C6.9.2 Registrar e atender a solicitações do Titular.

C6.9.2 Registrar e atender a solicitações do Titular;
C6.5.4 Eliminar os Dados Pessoais.

C6.9.2 Registrar e atender a solicitações do Titular.

C6.6.3 Garantir livre acesso a finalidade, forma e duração de tratamento.

C6.9.2 Registrar e atender a solicitações do Titular;
C6.5.2 Revogação de Consentimento.

C6.9.1 Atendimento de solicitações da Autoridade nacional.

C6.6.1 Garantir o Tratamento Ético.

C6.9.2 Registrar e atender a solicitações do Titular.

Art. 17. Toda pessoa natural tem assegurada a titularidade de seus dados pessoais e garantidos os direitos fundamentais de liberdade, de intimidade e de privacidade, nos termos desta Lei.

Art. 18. O titular dos dados pessoais tem direito a obter do controlador, em relação aos dados do titular por ele tratados, a qualquer momento e mediante requisição:

I – confirmação da existência de tratamento;

II – acesso aos dados;

III – correção de dados incompletos, inexatos ou desatualizados;

IV – anonimização, bloqueio ou eliminação de dados desnecessários, excessivos ou tratados em desconformidade com o disposto nesta Lei;

V – portabilidade dos dados a outro fornecedor de serviço ou produto, mediante requisição expressa, de acordo com a regulamentação da autoridade nacional, observados os segredos comercial e industrial; (Redação dada pela Lei nº 13.853, de 2019)

VI – eliminação dos dados pessoais tratados com o consentimento do titular, exceto nas hipóteses previstas no art. 16 desta Lei;

VII – informação das entidades públicas e privadas com as quais o controlador realizou uso compartilhado de dados;

VIII – informação sobre a possibilidade de não fornecer consentimento e sobre as consequências da negativa;

IX – revogação do consentimento, nos termos do § 5º do art. 8º desta Lei.

§ 1º O titular dos dados pessoais tem o direito de peticionar em relação aos seus dados contra o controlador perante a autoridade nacional.

§ 2º O titular pode opor-se a tratamento realizado com fundamento em uma das hipóteses de dispensa de consentimento, em caso de descumprimento ao disposto nesta Lei.

§ 3º Os direitos previstos neste artigo serão exercidos mediante requerimento expresso do titular ou de representante legalmente constituído, a agente de tratamento.

Lei Geral de Proteção de Dados Pessoais (LGPD)

§ 4º Em caso de impossibilidade de adoção imediata da providência de que trata o § 3º deste artigo, o controlador enviará ao titular resposta em que poderá:

I – comunicar que não é agente de tratamento dos dados e indicar, sempre que possível, o agente; ou

II – indicar as razões de fato ou de direito que impedem a adoção imediata da providência.

§ 5º O requerimento referido no § 3º deste artigo será atendido sem custos para o titular, nos prazos e nos termos previstos em regulamento.

§ 6º O responsável deverá informar, de maneira imediata, aos agentes de tratamento com os quais tenha realizado uso compartilhado de dados a correção, a eliminação, a anonimização ou o bloqueio dos dados, para que repitam idêntico procedimento, exceto nos casos em que esta comunicação seja comprovadamente impossível ou implique esforço desproporcional. (Redação dada pela Lei nº 13.853, de 2019)

§ 7º A portabilidade dos dados pessoais a que se refere o inciso V do caput deste artigo não inclui dados que já tenham sido anonimizados pelo controlador.

§ 8º O direito a que se refere o § 1º deste artigo também poderá ser exercido perante os organismos de defesa do consumidor.

Art. 19. A confirmação de existência ou o acesso a dados pessoais serão providenciados, mediante requisição do titular:

I – em formato simplificado, imediatamente; ou

II – por meio de declaração clara e completa, que indique a origem dos dados, a inexistência de registro, os critérios utilizados e a finalidade do tratamento, observados os segredos comercial e industrial, fornecida no prazo de até 15 (quinze) dias, contado da data do requerimento do titular.

§ 1º Os dados pessoais serão armazenados em formato que favoreça o exercício do direito de acesso.

§ 2º As informações e os dados poderão ser fornecidos, a critério do titular:

I – por meio eletrônico, seguro e idôneo para esse fim; ou

II – sob forma impressa.

§ 3º Quando o tratamento tiver origem no consentimento do titular ou em contrato, o titular poderá solicitar cópia eletrônica

---

Notas laterais:

C6.9.2 Registrar e atender a solicitações do Titular.

C6.9.3 Comunicar aos agentes de tratamento de terceiros as solicitações do titular.

C6.11.1 Exportar Dados para Terceiros.

C6.9.1 Registrar e atender a solicitações da Autoridade Nacional (ANPD).

C6.9.2 Registrar e atender a solicitações do Titular.

C6.9.2 Registrar e atender a solicitações do Titular.

C6.9.2 Registrar e atender a solicitações do Titular.

C6.9.1 Registrar e atender a solicitações da Autoridade Nacional (ANPD).

integral de seus dados pessoais, observados os segredos comercial e industrial, nos termos de regulamentação da autoridade nacional, em formato que permita a sua utilização subsequente, inclusive em outras operações de tratamento.

§ 4º A autoridade nacional poderá dispor de forma diferenciada acerca dos prazos previstos nos incisos I e II do caput deste artigo para os setores específicos.

C6.9.2 Registrar e atender a solicitações do Titular.

Art. 20. O titular dos dados tem direito a solicitar a revisão de decisões tomadas unicamente com base em tratamento automatizado de dados pessoais que afetem seus interesses, incluídas as decisões destinadas a definir o seu perfil pessoal, profissional, de consumo e de crédito ou os aspectos de sua personalidade. (Redação dada pela Lei nº 13.853, de 2019)

§ 1º O controlador deverá fornecer, sempre que solicitadas, informações claras e adequadas a respeito dos critérios e dos procedimentos utilizados para a decisão automatizada, observados os segredos comercial e industrial.

C6.9.1 Registrar e atender a solicitações da Autoridade Nacional (ANPD).

§ 2º Em caso de não oferecimento de informações de que trata o § 1º deste artigo baseado na observância de segredo comercial e industrial, a autoridade nacional poderá realizar auditoria para verificação de aspectos discriminatórios em tratamento automatizado de dados pessoais.

§ 3º (VETADO). (Incluído pela Lei nº 13.853, de 2019)

C6.6.1 Garantir o Tratamento Ético.

Art. 21. Os dados pessoais referentes ao exercício regular de direitos pelo titular não podem ser utilizados em seu prejuízo.

Art. 22. A defesa dos interesses e dos direitos dos titulares de dados poderá ser exercida em juízo, individual ou coletivamente, na forma do disposto na legislação pertinente, acerca dos instrumentos de tutela individual e coletiva.

Direito Constitucional.

CAPÍTULO IV
DO TRATAMENTO DE DADOS PESSOAIS PELO PODER PÚBLICO

Seção I
Das Regras

Poder Público.

Art. 23. O tratamento de dados pessoais pelas pessoas jurídicas de direito público referidas no parágrafo único do art. 1º

Lei Geral de Proteção de Dados Pessoais (LGPD) **101**

da Lei nº 12.527, de 18 de novembro de 2011 (Lei de Acesso à Informação) , deverá ser realizado para o atendimento de sua finalidade pública, na persecução do interesse público, com o objetivo de executar as competências legais ou cumprir as atribuições legais do serviço público, desde que:

I – sejam informadas as hipóteses em que, no exercício de suas competências, realizam o tratamento de dados pessoais, fornecendo informações claras e atualizadas sobre a previsão legal, a finalidade, os procedimentos e as práticas utilizadas para a execução dessas atividades, em veículos de fácil acesso, preferencialmente em seus sítios eletrônicos;

II – (VETADO); e

III – seja indicado um encarregado quando realizarem operações de tratamento de dados pessoais, nos termos do art. 39 desta Lei; e (Redação dada pela Lei nº 13.853, de 2019)

IV – (VETADO). (Incluído pela Lei nº 13.853, de 2019)

§ 1º A autoridade nacional poderá dispor sobre as formas de publicidade das operações de tratamento.

§ 2º O disposto nesta Lei não dispensa as pessoas jurídicas mencionadas no caput deste artigo de instituir as autoridades de que trata a Lei nº 12.527, de 18 de novembro de 2011 (Lei de Acesso à Informação) .

§ 3º Os prazos e procedimentos para exercício dos direitos do titular perante o Poder Público observarão o disposto em legislação específica, em especial as disposições constantes da Lei nº 9.507, de 12 de novembro de 1997 (Lei do Habeas Data) , da Lei nº 9.784, de 29 de janeiro de 1999 (Lei Geral do Processo Administrativo) , e da Lei nº 12.527, de 18 de novembro de 2011 (Lei de Acesso à Informação) .

§ 4º Os serviços notariais e de registro exercidos em caráter privado, por delegação do Poder Público, terão o mesmo tratamento dispensado às pessoas jurídicas referidas no caput deste artigo, nos termos desta Lei.

§ 5º Os órgãos notariais e de registro devem fornecer acesso aos dados por meio eletrônico para a administração pública, tendo em vista as finalidades de que trata o caput deste artigo.

Art. 24. As empresas públicas e as sociedades de economia mista que atuam em regime de concorrência, sujeitas ao disposto no art. 173 da Constituição Federal , terão o mesmo tratamento Poder Público.

dispensado às pessoas jurídicas de direito privado particulares, nos termos desta Lei.

Parágrafo único. As empresas públicas e as sociedades de economia mista, quando estiverem operacionalizando políticas públicas e no âmbito da execução delas, terão o mesmo tratamento dispensado aos órgãos e às entidades do Poder Público, nos termos deste Capítulo.

Art. 25. Os dados deverão ser mantidos em formato interoperável e estruturado para o uso compartilhado, com vistas à execução de políticas públicas, à prestação de serviços públicos, à descentralização da atividade pública e à disseminação e ao acesso das informações pelo público em geral.

Poder Público.

Art. 26. O uso compartilhado de dados pessoais pelo Poder Público deve atender a finalidades específicas de execução de políticas públicas e atribuição legal pelos órgãos e pelas entidades públicas, respeitados os princípios de proteção de dados pessoais elencados no art. 6º desta Lei.

§ 1º É vedado ao Poder Público transferir a entidades privadas dados pessoais constantes de bases de dados a que tenha acesso, exceto:

I – em casos de execução descentralizada de atividade pública que exija a transferência, exclusivamente para esse fim específico e determinado, observado o disposto na Lei nº 12.527, de 18 de novembro de 2011 (Lei de Acesso à Informação) ;

II – (VETADO);

III – nos casos em que os dados forem acessíveis publicamente, observadas as disposições desta Lei.

IV – quando houver previsão legal ou a transferência for respaldada em contratos, convênios ou instrumentos congêneres; ou (Incluído pela Lei nº 13.853, de 2019)

V – na hipótese de a transferência dos dados objetivar exclusivamente a prevenção de fraudes e irregularidades, ou proteger e resguardar a segurança e a integridade do titular dos dados, desde que vedado o tratamento para outras finalidades. (Incluído pela Lei nº 13.853, de 2019)

§ 2º Os contratos e convênios de que trata o § 1º deste artigo deverão ser comunicados à autoridade nacional.

Poder Público.

Art. 27. A comunicação ou o uso compartilhado de dados pessoais de pessoa jurídica de direito público a pessoa de direito privado será informado à autoridade nacional e dependerá de consentimento do titular, exceto:

Lei Geral de Proteção de Dados Pessoais (LGPD)   **103**

I – nas hipóteses de dispensa de consentimento previstas nesta Lei;

II – nos casos de uso compartilhado de dados, em que será dada publicidade nos termos do inciso I do caput do art. 23 desta Lei; ou

III – nas exceções constantes do § 1º do art. 26 desta Lei.

Parágrafo único. A informação à autoridade nacional de que trata o caput deste artigo será objeto de regulamentação. (Incluído pela Lei nº 13.853, de 2019)

Art. 28. (VETADO).

Art. 29. A autoridade nacional poderá solicitar, a qualquer momento, aos órgãos e às entidades do poder público a realização de operações de tratamento de dados pessoais, informações específicas sobre o âmbito e a natureza dos dados e outros detalhes do tratamento realizado e poderá emitir parecer técnico complementar para garantir o cumprimento desta Lei. (Redação dada pela Lei nº 13.853, de 2019)

> Poder Público.

Art. 30. A autoridade nacional poderá estabelecer normas complementares para as atividades de comunicação e de uso compartilhado de dados pessoais.

> Aguardando regulamentação.

Seção II
Da Responsabilidade

Art. 31. Quando houver infração a esta Lei em decorrência do tratamento de dados pessoais por órgãos públicos, a autoridade nacional poderá enviar informe com medidas cabíveis para fazer cessar a violação.

> Poder Público.

Art. 32. A autoridade nacional poderá solicitar a agentes do Poder Público a publicação de relatórios de impacto à proteção de dados pessoais e sugerir a adoção de padrões e de boas práticas para os tratamentos de dados pessoais pelo Poder Público.

CAPÍTULO V
DA TRANSFERÊNCIA INTERNACIONAL DE DADOS

> C6.4.6 Revisar periodicamente o Acesso Internacional.

Art. 33. A transferência internacional de dados pessoais somente é permitida nos seguintes casos:

I – para países ou organismos internacionais que proporcionem grau de proteção de dados pessoais adequado ao previsto nesta Lei;

II – quando o controlador oferecer e comprovar garantias de cumprimento dos princípios, dos direitos do titular e do regime de proteção de dados previstos nesta Lei, na forma de:

a) cláusulas contratuais específicas para determinada transferência;

b) cláusulas-padrão contratuais;

c) normas corporativas globais;

d) selos, certificados e códigos de conduta regularmente emitidos;

Poder Público.

C6.6.1 Garantir o Tratamento Ético.

III – quando a transferência for necessária para a cooperação jurídica internacional entre órgãos públicos de inteligência, de investigação e de persecução, de acordo com os instrumentos de direito internacional;

C6.9.1 Atender a solicitações da ANPD.

IV – quando a transferência for necessária para a proteção da vida ou da incolumidade física do titular ou de terceiro;

V – quando a autoridade nacional autorizar a transferência;

C6.4.6 Revisar periodicamente o Acesso Internacional.

VI – quando a transferência resultar em compromisso assumido em acordo de cooperação internacional;

Poder Público.

VII – quando a transferência for necessária para a execução de política pública ou atribuição legal do serviço público, sendo dada publicidade nos termos do inciso I do caput do art. 23 desta Lei;

C6.2.3 Consentimento do Titular.

VIII – quando o titular tiver fornecido o seu consentimento específico e em destaque para a transferência, com informação prévia sobre o caráter internacional da operação, distinguindo claramente esta de outras finalidades; ou

C6.6.1 Garantir o Tratamento Ético.

IX – quando necessário para atender as hipóteses previstas nos incisos II, V e VI do art. 7º desta Lei.

Parágrafo único. Para os fins do inciso I deste artigo, as pessoas jurídicas de direito público referidas no parágrafo único do art. 1º da Lei nº 12.527, de 18 de novembro de 2011 (Lei de Acesso à Informação) , no âmbito de suas competências legais, e responsáveis, no âmbito de suas atividades, poderão requerer à autoridade nacional a avaliação do nível de proteção a dados pessoais conferido por país ou organismo internacional.

Poder Público.

Aguardando regulamentação da ANPD.

Art. 34. O nível de proteção de dados do país estrangeiro ou do organismo internacional mencionado no inciso I do caput do art. 33 desta Lei será avaliado pela autoridade nacional, que levará em consideração:

Lei Geral de Proteção de Dados Pessoais (LGPD)

I – as normas gerais e setoriais da legislação em vigor no país de destino ou no organismo internacional;

II – a natureza dos dados;

III – a observância dos princípios gerais de proteção de dados pessoais e direitos dos titulares previstos nesta Lei;

IV – a adoção de medidas de segurança previstas em regulamento;

V – a existência de garantias judiciais e institucionais para o respeito aos direitos de proteção de dados pessoais; e

VI – outras circunstâncias específicas relativas à transferência.

Art. 35. A definição do conteúdo de cláusulas-padrão contratuais, bem como a verificação de cláusulas contratuais específicas para uma determinada transferência, normas corporativas globais ou selos, certificados e códigos de conduta, a que se refere o inciso II do caput do art. 33 desta Lei, será realizada pela autoridade nacional.

Aguardando regulamentação da ANPD.

§ 1º Para a verificação do disposto no caput deste artigo, deverão ser considerados os requisitos, as condições e as garantias mínimas para a transferência que observem os direitos, as garantias e os princípios desta Lei.

§ 2º Na análise de cláusulas contratuais, de documentos ou de normas corporativas globais submetidas à aprovação da autoridade nacional, poderão ser requeridas informações suplementares ou realizadas diligências de verificação quanto às operações de tratamento, quando necessário.

§ 3º A autoridade nacional poderá designar organismos de certificação para a realização do previsto no caput deste artigo, que permanecerão sob sua fiscalização nos termos definidos em regulamento.

§ 4º Os atos realizados por organismo de certificação poderão ser revistos pela autoridade nacional e, caso em desconformidade com esta Lei, submetidos a revisão ou anulados.

§ 5º As garantias suficientes de observância dos princípios gerais de proteção e dos direitos do titular referidas no caput deste artigo serão também analisadas de acordo com as medidas técnicas e organizacionais adotadas pelo operador, de acordo com o previsto nos §§ 1º e 2º do art. 46 desta Lei.

C6.4.6 Revisar periodicamente o Acesso Internacional.

Art. 36. As alterações nas garantias apresentadas como suficientes de observância dos princípios gerais de proteção e dos

direitos do titular referidas no inciso II do art. 33 desta Lei deverão ser comunicadas à autoridade nacional.

CAPÍTULO VI
DOS AGENTES DE TRATAMENTO DE DADOS PESSOAIS

Seção I
Do Controlador e do Operador

C6.6.9 Manter Registros dos Tratamentos Efetuados.

Art. 37. O controlador e o operador devem manter registro das operações de tratamento de dados pessoais que realizarem, especialmente quando baseado no legítimo interesse.

C6.8.2 Elaboração do Relatório de Impacto à Proteção de Dados; C6.9.1 Registrar e atender a solicitações da ANPD.

Art. 38. A autoridade nacional poderá determinar ao controlador que elabore relatório de impacto à proteção de dados pessoais, inclusive de dados sensíveis, referente a suas operações de tratamento de dados, nos termos de regulamento, observados os segredos comercial e industrial.

C6.8.2 Elaboração do Relatório de Impacto à Proteção de Dados.

Parágrafo único. Observado o disposto no caput deste artigo, o relatório deverá conter, no mínimo, a descrição dos tipos de dados coletados, a metodologia utilizada para a coleta e para a garantia da segurança das informações e a análise do controlador com relação a medidas, salvaguardas e mecanismos de mitigação de risco adotados.

C6.6.10 Verificar a observância de instruções de tratamento do Controlador ao Operador.

Art. 39. O operador deverá realizar o tratamento segundo as instruções fornecidas pelo controlador, que verificará a observância das próprias instruções e das normas sobre a matéria.

Aguardando regulamentação da ANPD.

Art. 40. A autoridade nacional poderá dispor sobre padrões de interoperabilidade para fins de portabilidade, livre acesso aos dados e segurança, assim como sobre o tempo de guarda dos registros, tendo em vista especialmente a necessidade e a transparência.

Seção II
Do Encarregado pelo Tratamento de Dados Pessoais

C6.1.2 Indicar o Encarregado.

Art. 41. O controlador deverá indicar encarregado pelo tratamento de dados pessoais.

Lei Geral de Proteção de Dados Pessoais (LGPD)

§ 1º A identidade e as informações de contato do encarregado deverão ser divulgadas publicamente, de forma clara e objetiva, preferencialmente no sítio eletrônico do controlador.

> C6.1.3 Divulgar informações do Encarregado.

§ 2º As atividades do encarregado consistem em:

I – aceitar reclamações e comunicações dos titulares, prestar esclarecimentos e adotar providências;

> C6.9.2 Atender a solicitações do Titular.

II – receber comunicações da autoridade nacional e adotar providências;

> C6.9.1 Atender a solicitações da ANPD.

III – orientar os funcionários e os contratados da entidade a respeito das práticas a serem tomadas em relação à proteção de dados pessoais; e

> PG08 Atitude Segura; C8.2.1 Realizar treinamentos de segurança.

IV – executar as demais atribuições determinadas pelo controlador ou estabelecidas em normas complementares.

> C6.6.11 Garantir as observância das atribuições do Encarregado.

§ 3º A autoridade nacional poderá estabelecer normas complementares sobre a definição e as atribuições do encarregado, inclusive hipóteses de dispensa da necessidade de sua indicação, conforme a natureza e o porte da entidade ou o volume de operações de tratamento de dados.

> Aguardando regulamentação da ANPD.

§ 4º (VETADO). (Incluído pela Lei nº 13.853, de 2019)

Seção III
Da Responsabilidade e do Ressarcimento de Danos

Art. 42. O controlador ou o operador que, em razão do exercício de atividade de tratamento de dados pessoais, causar a outrem dano patrimonial, moral, individual ou coletivo, em violação à legislação de proteção de dados pessoais, é obrigado a repará-lo.

§ 1º A fim de assegurar a efetiva indenização ao titular dos dados:

I – o operador responde solidariamente pelos danos causados pelo tratamento quando descumprir as obrigações da legislação de proteção de dados ou quando não tiver seguido as instruções lícitas do controlador, hipótese em que o operador equipara-se ao controlador, salvo nos casos de exclusão previstos no art. 43 desta Lei;

II – os controladores que estiverem diretamente envolvidos no tratamento do qual decorreram danos ao titular dos dados respondem solidariamente, salvo nos casos de exclusão previstos no art. 43 desta Lei.

§ 2º O juiz, no processo civil, poderá inverter o ônus da prova a favor do titular dos dados quando, a seu juízo, for verossímil a alegação, houver hipossuficiência para fins de produção de prova ou quando a produção de prova pelo titular resultar-lhe excessivamente onerosa.

§ 3º As ações de reparação por danos coletivos que tenham por objeto a responsabilização nos termos do caput deste artigo podem ser exercidas coletivamente em juízo, observado o disposto na legislação pertinente.

§ 4º Aquele que reparar o dano ao titular tem direito de regresso contra os demais responsáveis, na medida de sua participação no evento danoso.

Art. 43. Os agentes de tratamento só não serão responsabilizados quando provarem:

I – que não realizaram o tratamento de dados pessoais que lhes é atribuído;

II – que, embora tenham realizado o tratamento de dados pessoais que lhes é atribuído, não houve violação à legislação de proteção de dados; ou

III – que o dano é decorrente de culpa exclusiva do titular dos dados ou de terceiro.

Art. 44. O tratamento de dados pessoais será irregular quando deixar de observar a legislação ou quando não fornecer a segurança que o titular dele pode esperar, consideradas as circunstâncias relevantes, entre as quais:

I – o modo pelo qual é realizado;

II – o resultado e os riscos que razoavelmente dele se esperam;

III – as técnicas de tratamento de dados pessoais disponíveis à época em que foi realizado.

Parágrafo único. Responde pelos danos decorrentes da violação da segurança dos dados o controlador ou o operador que, ao deixar de adotar as medidas de segurança previstas no art. 46 desta Lei, der causa ao dano.

Art. 45. As hipóteses de violação do direito do titular no âmbito das relações de consumo permanecem sujeitas às regras de responsabilidade previstas na legislação pertinente.

CAPÍTULO VII
DA SEGURANÇA E DAS BOAS PRÁTICAS

Seção I
Da Segurança e do Sigilo de Dados

Art. 46. Os agentes de tratamento devem adotar medidas de segurança, técnicas e administrativas aptas a proteger os dados pessoais de acessos não autorizados e de situações acidentais ou ilícitas de destruição, perda, alteração, comunicação ou qualquer forma de tratamento inadequado ou ilícito.

C6.4.1; C6.4.2; C6.4.4; C6.4.5.

§ 1º A autoridade nacional poderá dispor sobre padrões técnicos mínimos para tornar aplicável o disposto no caput deste artigo, considerados a natureza das informações tratadas, as características específicas do tratamento e o estado atual da tecnologia, especialmente no caso de dados pessoais sensíveis, assim como os princípios previstos no caput do art. 6º desta Lei.

§ 2º As medidas de que trata o caput deste artigo deverão ser observadas desde a fase de concepção do produto ou do serviço até a sua execução.

Art. 47. Os agentes de tratamento ou qualquer outra pessoa que intervenha em uma das fases do tratamento obriga-se a garantir a segurança da informação prevista nesta Lei em relação aos dados pessoais, mesmo após o seu término.

Art. 48. O controlador deverá comunicar à autoridade nacional e ao titular a ocorrência de incidente de segurança que possa acarretar risco ou dano relevante aos titulares.

C6.10.1 Comunicar incidentes à Autoridade Nacional.

§ 1º A comunicação será feita em prazo razoável, conforme definido pela autoridade nacional, e deverá mencionar, no mínimo:

I – a descrição da natureza dos dados pessoais afetados;

II – as informações sobre os titulares envolvidos;

III – a indicação das medidas técnicas e de segurança utilizadas para a proteção dos dados, observados os segredos comercial e industrial;

IV – os riscos relacionados ao incidente;

V – os motivos da demora, no caso de a comunicação não ter sido imediata; e

VI – as medidas que foram ou que serão adotadas para reverter ou mitigar os efeitos do prejuízo.

§ 2º A autoridade nacional verificará a gravidade do incidente e poderá, caso necessário para a salvaguarda dos direitos dos titulares, determinar ao controlador a adoção de providências, tais como:

I – ampla divulgação do fato em meios de comunicação; e

II – medidas para reverter ou mitigar os efeitos do incidente.

§ 3º No juízo de gravidade do incidente, será avaliada eventual comprovação de que foram adotadas medidas técnicas adequadas que tornem os dados pessoais afetados ininteligíveis, no âmbito e nos limites técnicos de seus serviços, para terceiros não autorizados a acessá-los.

Incluir no PG00.

Art. 49. Os sistemas utilizados para o tratamento de dados pessoais devem ser estruturados de forma a atender aos requisitos de segurança, aos padrões de boas práticas e de governança e aos princípios gerais previstos nesta Lei e às demais normas regulamentares.

Seção II
Das Boas Práticas e da Governança

C6.6.5 Regras de boas práticas e governança periodicamente atualizadas e publicadas; PROGRAMA PG00.

Art. 50. Os controladores e operadores, no âmbito de suas competências, pelo tratamento de dados pessoais, individualmente ou por meio de associações, poderão formular regras de boas práticas e de governança que estabeleçam as condições de organização, o regime de funcionamento, os procedimentos, incluindo reclamações e petições de titulares, as normas de segurança, os padrões técnicos, as obrigações específicas para os diversos envolvidos no tratamento, as ações educativas, os mecanismos internos de supervisão e de mitigação de riscos e outros aspectos relacionados ao tratamento de dados pessoais.

PROGRAMA PG00.

§ 1º Ao estabelecer regras de boas práticas, o controlador e o operador levarão em consideração, em relação ao tratamento e aos dados, a natureza, o escopo, a finalidade e a probabilidade e a gravidade dos riscos e dos benefícios decorrentes de tratamento de dados do titular.

§ 2º Na aplicação dos princípios indicados nos incisos VII e VIII do caput do art. 6º desta Lei, o controlador, observados a estrutura, a escala e o volume de suas operações, bem como a sensibilidade dos dados tratados e a probabilidade e a gravidade dos danos para os titulares dos dados, poderá:

I – implementar programa de governança em privacidade que, no mínimo:

a) demonstre o comprometimento do controlador em adotar processos e políticas internas que assegurem o cumprimento, de

Lei Geral de Proteção de Dados Pessoais (LGPD) **111**

forma abrangente, de normas e boas práticas relativas à proteção de dados pessoais;

b) seja aplicável a todo o conjunto de dados pessoais que estejam sob seu controle, independentemente do modo como se realizou sua coleta;

c) seja adaptado à estrutura, à escala e ao volume de suas operações, bem como à sensibilidade dos dados tratados;

d) estabeleça políticas e salvaguardas adequadas com base em processo de avaliação sistemática de impactos e riscos à privacidade;

e) tenha o objetivo de estabelecer relação de confiança com o titular, por meio de atuação transparente e que assegure mecanismos de participação do titular;

f) esteja integrado a sua estrutura geral de governança e estabeleça e aplique mecanismos de supervisão internos e externos;

g) conte com planos de resposta a incidentes e remediação; e

h) seja atualizado constantemente com base em informações obtidas a partir de monitoramento contínuo e avaliações periódicas;

II – demonstrar a efetividade de seu programa de governança em privacidade quando apropriado e, em especial, a pedido da autoridade nacional ou de outra entidade responsável por promover o cumprimento de boas práticas ou códigos de conduta, os quais, de forma independente, promovam o cumprimento desta Lei.

> C6.6.5 Regras de boas práticas e governança periodicamente atualizadas e publicadas.

§ 3º As regras de boas práticas e de governança deverão ser publicadas e atualizadas periodicamente e poderão ser reconhecidas e divulgadas pela autoridade nacional.

Art. 51. A autoridade nacional estimulará a adoção de padrões técnicos que facilitem o controle pelos titulares dos seus dados pessoais.

CAPÍTULO VIII
DA FISCALIZAÇÃO

Seção I
Das Sanções Administrativas

Art. 52. Os agentes de tratamento de dados, em razão das infrações cometidas às normas previstas nesta Lei, ficam

> Âmbito da ANPD.

sujeitos às seguintes sanções administrativas aplicáveis pela autoridade nacional:

I – advertência, com indicação de prazo para adoção de medidas corretivas;

II – multa simples, de até 2% (dois por cento) do faturamento da pessoa jurídica de direito privado, grupo ou conglomerado no Brasil no seu último exercício, excluídos os tributos, limitada, no total, a R$ 50.000.000,00 (cinquenta milhões de reais) por infração;

III – multa diária, observado o limite total a que se refere o inciso II;

IV – publicização da infração após devidamente apurada e confirmada a sua ocorrência;

V – bloqueio dos dados pessoais a que se refere a infração até a sua regularização;

VI – eliminação dos dados pessoais a que se refere a infração;

VII – (VETADO);

VIII – (VETADO);

IX – (VETADO).

X – suspensão parcial do funcionamento do banco de dados a que se refere a infração pelo período máximo de 6 (seis) meses, prorrogável por igual período, até a regularização da atividade de tratamento pelo controlador; (Incluído pela Lei nº 13.853, de 2019)

XI – suspensão do exercício da atividade de tratamento dos dados pessoais a que se refere a infração pelo período máximo de 6 (seis) meses, prorrogável por igual período; (Incluído pela Lei nº 13.853, de 2019)

XII – proibição parcial ou total do exercício de atividades relacionadas a tratamento de dados. (Incluído pela Lei nº 13.853, de 2019)

§ 1º As sanções serão aplicadas após procedimento administrativo que possibilite a oportunidade da ampla defesa, de forma gradativa, isolada ou cumulativa, de acordo com as peculiaridades do caso concreto e considerados os seguintes parâmetros e critérios:

I – a gravidade e a natureza das infrações e dos direitos pessoais afetados;

Lei Geral de Proteção de Dados Pessoais (LGPD)

II – a boa-fé do infrator;

III – a vantagem auferida ou pretendida pelo infrator;

IV – a condição econômica do infrator;

V – a reincidência;

VI – o grau do dano;

VII – a cooperação do infrator;

VIII – a adoção reiterada e demonstrada de mecanismos e procedimentos internos capazes de minimizar o dano, voltados ao tratamento seguro e adequado de dados, em consonância com o disposto no inciso II do § 2º do art. 48 desta Lei;

IX – a adoção de política de boas práticas e governança;

X – a pronta adoção de medidas corretivas; e

XI – a proporcionalidade entre a gravidade da falta e a intensidade da sanção.

§ 2º O disposto neste artigo não substitui a aplicação de sanções administrativas, civis ou penais definidas na Lei nº 8.078, de 11 de setembro de 1990, e em legislação específica. (Redação dada pela Lei nº 13.853, de 2019)

§ 3º O disposto nos incisos I, IV, V, VI, X, XI e XII do caput deste artigo poderá ser aplicado às entidades e aos órgãos públicos, sem prejuízo do disposto na Lei nº 8.112, de 11 de dezembro de 1990, na Lei nº 8.429, de 2 de junho de 1992, e na Lei nº 12.527, de 18 de novembro de 2011. (Redação dada pela Lei nº 13.853, de 2019)

§ 4º No cálculo do valor da multa de que trata o inciso II do caput deste artigo, a autoridade nacional poderá considerar o faturamento total da empresa ou grupo de empresas, quando não dispuser do valor do faturamento no ramo de atividade empresarial em que ocorreu a infração, definido pela autoridade nacional, ou quando o valor for apresentado de forma incompleta ou não for demonstrado de forma inequívoca e idônea.

§ 5º O produto da arrecadação das multas aplicadas pela ANPD, inscritas ou não em dívida ativa, será destinado ao Fundo de Defesa de Direitos Difusos de que tratam o art. 13 da Lei nº 7.347, de 24 de julho de 1985, e a Lei nº 9.008, de 21 de março de 1995. (Incluído pela Lei nº 13.853, de 2019)

§ 6º As sanções previstas nos incisos X, XI e XII do caput deste artigo serão aplicadas: (Incluído pela Lei nº 13.853, de 2019)

I – somente após já ter sido imposta ao menos 1 (uma) das sanções de que tratam os incisos II, III, IV, V e VI do caput deste artigo para o mesmo caso concreto; e (Incluído pela Lei nº 13.853, de 2019)

II – em caso de controladores submetidos a outros órgãos e entidades com competências sancionatórias, ouvidos esses órgãos. (Incluído pela Lei nº 13.853, de 2019)

§ 7º Os vazamentos individuais ou os acessos não autorizados de que trata o caput do art. 46 desta Lei poderão ser objeto de conciliação direta entre controlador e titular e, caso não haja acordo, o controlador estará sujeito à aplicação das penalidades de que trata este artigo. (Incluído pela Lei nº 13.853, de 2019)

Âmbito da ANPD.

Art. 53. A autoridade nacional definirá, por meio de regulamento próprio sobre sanções administrativas a infrações a esta Lei, que deverá ser objeto de consulta pública, as metodologias que orientarão o cálculo do valor-base das sanções de multa.

§ 1º As metodologias a que se refere o caput deste artigo devem ser previamente publicadas, para ciência dos agentes de tratamento, e devem apresentar objetivamente as formas e dosimetrias para o cálculo do valor-base das sanções de multa, que deverão conter fundamentação detalhada de todos os seus elementos, demonstrando a observância dos critérios previstos nesta Lei.

§ 2º O regulamento de sanções e metodologias correspondentes deve estabelecer as circunstâncias e as condições para a adoção de multa simples ou diária.

Âmbito da ANPD.

Art. 54. O valor da sanção de multa diária aplicável às infrações a esta Lei deve observar a gravidade da falta e a extensão do dano ou prejuízo causado e ser fundamentado pela autoridade nacional.

C6.9.1 Atendimento de solicitações da Autoridade Nacional.

Parágrafo único. A intimação da sanção de multa diária deverá conter, no mínimo, a descrição da obrigação imposta, o prazo razoável e estipulado pelo órgão para o seu cumprimento e o valor da multa diária a ser aplicada pelo seu descumprimento.

CAPÍTULO IX
DA AUTORIDADE NACIONAL DE PROTEÇÃO DE DADOS (ANPD) E DO CONSELHO NACIONAL DE PROTEÇÃO DE DADOS PESSOAIS E DA PRIVACIDADE

Seção I
Da Autoridade Nacional de Proteção de Dados (ANPD)

Art. 55. (VETADO).

Art. 55-A. Fica criada, sem aumento de despesa, a Autoridade Nacional de Proteção de Dados (ANPD), órgão da administração pública federal, integrante da Presidência da República. (Incluído pela Lei nº 13.853, de 2019)

> Âmbito da ANPD.

§ 1º A natureza jurídica da ANPD é transitória e poderá ser transformada pelo Poder Executivo em entidade da administração pública federal indireta, submetida a regime autárquico especial e vinculada à Presidência da República. (Incluído pela Lei nº 13.853, de 2019)

§ 2º A avaliação quanto à transformação de que dispõe o § 1º deste artigo deverá ocorrer em até 2 (dois) anos da data da entrada em vigor da estrutura regimental da ANPD. (Incluído pela Lei nº 13.853, de 2019)

§ 3º O provimento dos cargos e das funções necessários à criação e à atuação da ANPD está condicionado à expressa autorização física e financeira na lei orçamentária anual e à permissão na lei de diretrizes orçamentárias. (Incluído pela Lei nº 13.853, de 2019)

Art. 55-B. É assegurada autonomia técnica e decisória à ANPD. (Incluído pela Lei nº 13.853, de 2019)

> Âmbito da ANPD.

Art. 55-C. A ANPD é composta de: (Incluído pela Lei nº 13.853, de 2019)

I – Conselho Diretor, órgão máximo de direção; (Incluído pela Lei nº 13.853, de 2019)

II – Conselho Nacional de Proteção de Dados Pessoais e da Privacidade; (Incluído pela Lei nº 13.853, de 2019)

III – Corregedoria; (Incluído pela Lei nº 13.853, de 2019)

IV – Ouvidoria; (Incluído pela Lei nº 13.853, de 2019)

V – órgão de assessoramento jurídico próprio; e (Incluído pela Lei nº 13.853, de 2019)

VI – unidades administrativas e unidades especializadas necessárias à aplicação do disposto nesta Lei. (Incluído pela Lei nº 13.853, de 2019)

Âmbito da ANPD.

Art. 55-D. O Conselho Diretor da ANPD será composto de 5 (cinco) diretores, incluído o Diretor-Presidente. (Incluído pela Lei nº 13.853, de 2019)

§ 1º Os membros do Conselho Diretor da ANPD serão escolhidos pelo Presidente da República e por ele nomeados, após aprovação pelo Senado Federal, nos termos da alínea 'f' do inciso III do art. 52 da Constituição Federal, e ocuparão cargo em comissão do Grupo-Direção e Assessoramento Superiores – DAS, no mínimo, de nível 5. (Incluído pela Lei nº 13.853, de 2019)

§ 2º Os membros do Conselho Diretor serão escolhidos dentre brasileiros que tenham reputação ilibada, nível superior de educação e elevado conceito no campo de especialidade dos cargos para os quais serão nomeados. (Incluído pela Lei nº 13.853, de 2019)

§ 3º O mandato dos membros do Conselho Diretor será de 4 (quatro) anos. (Incluído pela Lei nº 13.853, de 2019)

§ 4º Os mandatos dos primeiros membros do Conselho Diretor nomeados serão de 2 (dois), de 3 (três), de 4 (quatro), de 5 (cinco) e de 6 (seis) anos, conforme estabelecido no ato de nomeação. (Incluído pela Lei nº 13.853, de 2019)

§ 5º Na hipótese de vacância do cargo no curso do mandato de membro do Conselho Diretor, o prazo remanescente será completado pelo sucessor. (Incluído pela Lei nº 13.853, de 2019)

Âmbito da ANPD.

Art. 55-E. Os membros do Conselho Diretor somente perderão seus cargos em virtude de renúncia, condenação judicial transitada em julgado ou pena de demissão decorrente de processo administrativo disciplinar. (Incluído pela Lei nº 13.853, de 2019)

§ 1º Nos termos do caput deste artigo, cabe ao Ministro de Estado Chefe da Casa Civil da Presidência da República instaurar o processo administrativo disciplinar, que será conduzido por comissão especial constituída por servidores públicos federais estáveis. (Incluído pela Lei nº 13.853, de 2019)

§ 2º Compete ao Presidente da República determinar o afastamento preventivo, somente quando assim recomendado pela comissão especial de que trata o § 1º deste artigo, e proferir o julgamento. (Incluído pela Lei nº 13.853, de 2019)

Lei Geral de Proteção de Dados Pessoais (LGPD)

Art. 55-F. Aplica-se aos membros do Conselho Diretor, após o exercício do cargo, o disposto no art. 6º da Lei nº 12.813, de 16 de maio de 2013. (Incluído pela Lei nº 13.853, de 2019)

Âmbito da ANPD.

Parágrafo único. A infração ao disposto no caput deste artigo caracteriza ato de improbidade administrativa. (Incluído pela Lei nº 13.853, de 2019)

Art. 55-G. Ato do Presidente da República disporá sobre a estrutura regimental da ANPD. (Incluído pela Lei nº 13.853, de 2019)

Âmbito da ANPD.

§ 1º Até a data de entrada em vigor de sua estrutura regimental, a ANPD receberá o apoio técnico e administrativo da Casa Civil da Presidência da República para o exercício de suas atividades. (Incluído pela Lei nº 13.853, de 2019)

§ 2º O Conselho Diretor disporá sobre o regimento interno da ANPD. (Incluído pela Lei nº 13.853, de 2019)

Art. 55-H. Os cargos em comissão e as funções de confiança da ANPD serão remanejados de outros órgãos e entidades do Poder Executivo federal. (Incluído pela Lei nº 13.853, de 2019)

Âmbito da ANPD.

Art. 55-I. Os ocupantes dos cargos em comissão e das funções de confiança da ANPD serão indicados pelo Conselho Diretor e nomeados ou designados pelo Diretor-Presidente. (Incluído pela Lei nº 13.853, de 2019)

Art. 55-J. Compete à ANPD: (Incluído pela Lei nº 13.853, de 2019)

I – zelar pela proteção dos dados pessoais, nos termos da legislação; (Incluído pela Lei nº 13.853, de 2019)

II – zelar pela observância dos segredos comercial e industrial, observada a proteção de dados pessoais e do sigilo das informações quando protegido por lei ou quando a quebra do sigilo violar os fundamentos do art. 2º desta Lei; (Incluído pela Lei nº 13.853, de 2019)

III – elaborar diretrizes para a Política Nacional de Proteção de Dados Pessoais e da Privacidade; (Incluído pela Lei nº 13.853, de 2019)

IV – fiscalizar e aplicar sanções em caso de tratamento de dados realizado em descumprimento à legislação, mediante processo administrativo que assegure o contraditório, a ampla defesa e o direito de recurso; (Incluído pela Lei nº 13.853, de 2019)

V – apreciar petições de titular contra controlador após comprovada pelo titular a apresentação de reclamação ao controlador não solucionada no prazo estabelecido em regulamentação; (Incluído pela Lei nº 13.853, de 2019)

VI – promover na população o conhecimento das normas e das políticas públicas sobre proteção de dados pessoais e das medidas de segurança; (Incluído pela Lei nº 13.853, de 2019)

VII – promover e elaborar estudos sobre as práticas nacionais e internacionais de proteção de dados pessoais e privacidade; (Incluído pela Lei nº 13.853, de 2019)

VIII – estimular a adoção de padrões para serviços e produtos que facilitem o exercício de controle dos titulares sobre seus dados pessoais, os quais deverão levar em consideração as especificidades das atividades e o porte dos responsáveis; (Incluído pela Lei nº 13.853, de 2019)

IX – promover ações de cooperação com autoridades de proteção de dados pessoais de outros países, de natureza internacional ou transnacional; (Incluído pela Lei nº 13.853, de 2019)

X – dispor sobre as formas de publicidade das operações de tratamento de dados pessoais, respeitados os segredos comercial e industrial; (Incluído pela Lei nº 13.853, de 2019)

XI – solicitar, a qualquer momento, às entidades do poder público que realizem operações de tratamento de dados pessoais informe específico sobre o âmbito, a natureza dos dados e os demais detalhes do tratamento realizado, com a possibilidade de emitir parecer técnico complementar para garantir o cumprimento desta Lei; (Incluído pela Lei nº 13.853, de 2019)

XII – elaborar relatórios de gestão anuais acerca de suas atividades; (Incluído pela Lei nº 13.853, de 2019)

XIII – editar regulamentos e procedimentos sobre proteção de dados pessoais e privacidade, bem como sobre relatórios de impacto à proteção de dados pessoais para os casos em que o tratamento representar alto risco à garantia dos princípios gerais de proteção de dados pessoais previstos nesta Lei; (Incluído pela Lei nº 13.853, de 2019)

XIV – ouvir os agentes de tratamento e a sociedade em matérias de interesse relevante e prestar contas sobre suas atividades e planejamento; (Incluído pela Lei nº 13.853, de 2019)

XV – arrecadar e aplicar suas receitas e publicar, no relatório de gestão a que se refere o inciso XII do caput deste artigo, o detalhamento de suas receitas e despesas; (Incluído pela Lei nº 13.853, de 2019)

XVI – realizar auditorias, ou determinar sua realização, no âmbito da atividade de fiscalização de que trata o inciso IV e com a devida observância do disposto no inciso II do caput deste artigo, sobre o tratamento de dados pessoais efetuado pelos agentes de tratamento, incluído o poder público; (Incluído pela Lei nº 13.853, de 2019)

XVII – celebrar, a qualquer momento, compromisso com agentes de tratamento para eliminar irregularidade, incerteza jurídica ou situação contenciosa no âmbito de processos administrativos, de acordo com o previsto no Decreto-Lei nº 4.657, de 4 de setembro de 1942; (Incluído pela Lei nº 13.853, de 2019)

XVIII – editar normas, orientações e procedimentos simplificados e diferenciados, inclusive quanto aos prazos, para que microempresas e empresas de pequeno porte, bem como iniciativas empresariais de caráter incremental ou disruptivo que se autodeclarem startups ou empresas de inovação, possam adequar-se a esta Lei; (Incluído pela Lei nº 13.853, de 2019)

XIX – garantir que o tratamento de dados de idosos seja efetuado de maneira simples, clara, acessível e adequada ao seu entendimento, nos termos desta Lei e da Lei nº 10.741, de 1º de outubro de 2003 (Estatuto do Idoso); (Incluído pela Lei nº 13.853, de 2019)

XX – deliberar, na esfera administrativa, em caráter terminativo, sobre a interpretação desta Lei, as suas competências e os casos omissos; (Incluído pela Lei nº 13.853, de 2019)

XXI – comunicar às autoridades competentes as infrações penais das quais tiver conhecimento; (Incluído pela Lei nº 13.853, de 2019)

XXII – comunicar aos órgãos de controle interno o descumprimento do disposto nesta Lei por órgãos e entidades da administração pública federal; (Incluído pela Lei nº 13.853, de 2019)

XXIII – articular-se com as autoridades reguladoras públicas para exercer suas competências em setores específicos de atividades econômicas e governamentais sujeitas à regulação; e (Incluído pela Lei nº 13.853, de 2019)

XXIV – implementar mecanismos simplificados, inclusive por meio eletrônico, para o registro de reclamações sobre o tratamento de dados pessoais em desconformidade com esta Lei. (Incluído pela Lei nº 13.853, de 2019)

§ 1º Ao impor condicionantes administrativas ao tratamento de dados pessoais por agente de tratamento privado, sejam eles limites, encargos ou sujeições, a ANPD deve observar a exigência de mínima intervenção, assegurados os fundamentos, os princípios e os direitos dos titulares previstos no art. 170 da Constituição Federal e nesta Lei. (Incluído pela Lei nº 13.853, de 2019)

§ 2º Os regulamentos e as normas editados pela ANPD devem ser precedidos de consulta e audiência públicas, bem como de análises de impacto regulatório. (Incluído pela Lei nº 13.853, de 2019)

§ 3º A ANPD e os órgãos e entidades públicos responsáveis pela regulação de setores específicos da atividade econômica e governamental devem coordenar suas atividades, nas correspondentes esferas de atuação, com vistas a assegurar o cumprimento de suas atribuições com a maior eficiência e promover o adequado funcionamento dos setores regulados, conforme legislação específica, e o tratamento de dados pessoais, na forma desta Lei. (Incluído pela Lei nº 13.853, de 2019)

§ 4º A ANPD manterá fórum permanente de comunicação, inclusive por meio de cooperação técnica, com órgãos e entidades da administração pública responsáveis pela regulação de setores específicos da atividade econômica e governamental, a fim de facilitar as competências regulatória, fiscalizatória e punitiva da ANPD. (Incluído pela Lei nº 13.853, de 2019)

§ 5º No exercício das competências de que trata o caput deste artigo, a autoridade competente deverá zelar pela preservação do segredo empresarial e do sigilo das informações, nos termos da lei. (Incluído pela Lei nº 13.853, de 2019)

§ 6º As reclamações colhidas conforme o disposto no inciso V do caput deste artigo poderão ser analisadas de forma agregada, e as eventuais providências delas decorrentes poderão ser adotadas de forma padronizada. (Incluído pela Lei nº 13.853, de 2019)

Âmbito da ANPD.

Art. 55-K. A aplicação das sanções previstas nesta Lei compete exclusivamente à ANPD, e suas competências prevalecerão, no que se refere à proteção de dados pessoais, sobre as competências correlatas de outras entidades ou órgãos da administração pública. (Incluído pela Lei nº 13.853, de 2019)

Parágrafo único. A ANPD articulará sua atuação com outros órgãos e entidades com competências sancionatórias e normativas afetas ao tema de proteção de dados pessoais e será o órgão central de interpretação desta Lei e do estabelecimento de normas e diretrizes para a sua implementação. (Incluído pela Lei nº 13.853, de 2019)

Lei Geral de Proteção de Dados Pessoais (LGPD)

Art. 55-L. Constituem receitas da ANPD: (Incluído pela Lei nº 13.853, de 2019)

Âmbito da ANPD.

I – as dotações, consignadas no orçamento geral da União, os créditos especiais, os créditos adicionais, as transferências e os repasses que lhe forem conferidos; (Incluído pela Lei nº 13.853, de 2019)

II – as doações, os legados, as subvenções e outros recursos que lhe forem destinados; (Incluído pela Lei nº 13.853, de 2019)

III – os valores apurados na venda ou aluguel de bens móveis e imóveis de sua propriedade; (Incluído pela Lei nº 13.853, de 2019)

IV – os valores apurados em aplicações no mercado financeiro das receitas previstas neste artigo; (Incluído pela Lei nº 13.853, de 2019)

V – (VETADO); (Incluído pela Lei nº 13.853, de 2019)

VI – os recursos provenientes de acordos, convênios ou contratos celebrados com entidades, organismos ou empresas, públicos ou privados, nacionais ou internacionais; (Incluído pela Lei nº 13.853, de 2019)

VII – o produto da venda de publicações, material técnico, dados e informações, inclusive para fins de licitação pública. (Incluído pela Lei nº 13.853, de 2019)

Art. 56. (VETADO).

Art. 57. (VETADO).

Seção II
Do Conselho Nacional de Proteção de Dados Pessoais e da Privacidade

Art. 58. (VETADO).

Art. 58-A. O Conselho Nacional de Proteção de Dados Pessoais e da Privacidade será composto de 23 (vinte e três) representantes, titulares e suplentes, dos seguintes órgãos: (Incluído pela Lei nº 13.853, de 2019)

Âmbito do CNPDPP.

I – 5 (cinco) do Poder Executivo federal; (Incluído pela Lei nº 13.853, de 2019)

II – 1 (um) do Senado Federal; (Incluído pela Lei nº 13.853, de 2019)

III – 1 (um) da Câmara dos Deputados; (Incluído pela Lei nº 13.853, de 2019)

IV – 1 (um) do Conselho Nacional de Justiça; (Incluído pela Lei nº 13.853, de 2019)

V – 1 (um) do Conselho Nacional do Ministério Público; (Incluído pela Lei nº 13.853, de 2019)

VI – 1 (um) do Comitê Gestor da Internet no Brasil; (Incluído pela Lei nº 13.853, de 2019)

VII – 3 (três) de entidades da sociedade civil com atuação relacionada a proteção de dados pessoais; (Incluído pela Lei nº 13.853, de 2019)

VIII – 3 (três) de instituições científicas, tecnológicas e de inovação; (Incluído pela Lei nº 13.853, de 2019)

IX – 3 (três) de confederações sindicais representativas das categorias econômicas do setor produtivo; (Incluído pela Lei nº 13.853, de 2019)

X – 2 (dois) de entidades representativas do setor empresarial relacionado à área de tratamento de dados pessoais; e (Incluído pela Lei nº 13.853, de 2019)

XI – 2 (dois) de entidades representativas do setor laboral. (Incluído pela Lei nº 13.853, de 2019)

§ 1º Os representantes serão designados por ato do Presidente da República, permitida a delegação. (Incluído pela Lei nº 13.853, de 2019)

§ 2º Os representantes de que tratam os incisos I, II, III, IV, V e VI do caput deste artigo e seus suplentes serão indicados pelos titulares dos respectivos órgãos e entidades da administração pública. (Incluído pela Lei nº 13.853, de 2019)

§ 3º Os representantes de que tratam os incisos VII, VIII, IX, X e XI do caput deste artigo e seus suplentes: (Incluído pela Lei nº 13.853, de 2019)

I – serão indicados na forma de regulamento; (Incluído pela Lei nº 13.853, de 2019)

II – não poderão ser membros do Comitê Gestor da Internet no Brasil; (Incluído pela Lei nº 13.853, de 2019)

III – terão mandato de 2 (dois) anos, permitida 1 (uma) recondução. (Incluído pela Lei nº 13.853, de 2019)

§ 4º A participação no Conselho Nacional de Proteção de Dados Pessoais e da Privacidade será considerada prestação de serviço público relevante, não remunerada. (Incluído pela Lei nº 13.853, de 2019)

Art. 58-B. Compete ao Conselho Nacional de Proteção de Dados Pessoais e da Privacidade: (Incluído pela Lei nº 13.853, de 2019)

Âmbito do CNPDPP.

I – propor diretrizes estratégicas e fornecer subsídios para a elaboração da Política Nacional de Proteção de Dados Pessoais e da Privacidade e para a atuação da ANPD; (Incluído pela Lei nº 13.853, de 2019)

II – elaborar relatórios anuais de avaliação da execução das ações da Política Nacional de Proteção de Dados Pessoais e da Privacidade; (Incluído pela Lei nº 13.853, de 2019)

III – sugerir ações a serem realizadas pela ANPD; (Incluído pela Lei nº 13.853, de 2019)

IV – elaborar estudos e realizar debates e audiências públicas sobre a proteção de dados pessoais e da privacidade; e (Incluído pela Lei nº 13.853, de 2019)

V – disseminar o conhecimento sobre a proteção de dados pessoais e da privacidade à população. (Incluído pela Lei nº 13.853, de 2019)

Art. 59. (VETADO).

CAPÍTULO X
DISPOSIÇÕES FINAIS E TRANSITÓRIAS

Art. 60. A Lei nº 12.965, de 23 de abril de 2014 (Marco Civil da Internet) , passa a vigorar com as seguintes alterações:

"Art. 7º ....

X – exclusão definitiva dos dados pessoais que tiver fornecido a determinada aplicação de internet, a seu requerimento, ao término da relação entre as partes, ressalvadas as hipóteses de guarda obrigatória de registros previstas nesta Lei e na que dispõe sobre a proteção de dados pessoais;

C6.5.4 Eliminar os Dados Pessoais.

...." (NR)

"Art. 16. ....

....

II – de dados pessoais que sejam excessivos em relação à finalidade para a qual foi dado consentimento pelo seu titular, exceto nas hipóteses previstas na Lei que dispõe sobre a proteção de dados pessoais." (NR)

C6.6.2 Garantir integralidade, minimalidade e atualidade dos dados.

C6.9.1 Registrar e atender a solicitações da Autoridade Nacional (ANPD).

Art. 61. A empresa estrangeira será notificada e intimada de todos os atos processuais previstos nesta Lei, independentemente de procuração ou de disposição contratual ou estatutária, na pessoa do agente ou representante ou pessoa responsável por sua filial, agência, sucursal, estabelecimento ou escritório instalado no Brasil.

Art. 62. A autoridade nacional e o Instituto Nacional de Estudos e Pesquisas Educacionais Anísio Teixeira (Inep), no âmbito de suas competências, editarão regulamentos específicos para o acesso a dados tratados pela União para o cumprimento do disposto no § 2º do art. 9º da Lei nº 9.394, de 20 de dezembro de 1996 (Lei de Diretrizes e Bases da Educação Nacional) , e aos referentes ao Sistema Nacional de Avaliação da Educação Superior (Sinaes), de que trata a Lei nº 10.861, de 14 de abril de 2004.

Poder Público.

Aguardando regulamentação da ANPD.

Art. 63. A autoridade nacional estabelecerá normas sobre a adequação progressiva de bancos de dados constituídos até a data de entrada em vigor desta Lei, consideradas a complexidade das operações de tratamento e a natureza dos dados.

Art. 64. Os direitos e princípios expressos nesta Lei não excluem outros previstos no ordenamento jurídico pátrio relacionados à matéria ou nos tratados internacionais em que a República Federativa do Brasil seja parte.

Ordenamento Jurídico.

Art. 65. Esta Lei entra em vigor: (Redação dada pela Lei nº 13.853, de 2019)

I – dia 28 de dezembro de 2018, quanto aos arts. 55-A, 55-B, 55-C, 55-D, 55-E, 55-F, 55-G, 55-H, 55-I, 55-J, 55-K, 55-L, 58-A e 58-B; e (Incluído pela Lei nº 13.853, de 2019)

II – 24 (vinte e quatro) meses após a data de sua publicação, quanto aos demais artigos.

REFERÊNCIAS

BRASIL. Lei n. 13.709, de 14 de agosto de 2018. Lei Geral de Proteção de Dados Pessoais (LGPD). *Diário Oficial da União (DOU)*, Brasília, DF, 15 ago. 2018.

BECK, K. *et al. Manifesto for Agile Software Development*. Disponível em: https://agilemanifesto.org/. Acesso em: 25 mar. 2020.

BRINKKEMPER, S.; PACHIDI, S. Functional Architecture Modeling for the Software Product Industry. *In*: BABAR, M. A.; GORTON, I. (ed.). *Software Architecture*. ECSA 2010. Berlin/Heidelberg: Springer, 2010, p. 198-213. (Série Lecture Notes in Computer Science, v. 6285).

CALAZANS, A. T. S. Qualidade da informação: conceitos e aplicações. *Transinformação*, v. 20, 2008.

COSTA, D. C. *et al*. O interesse legítimo como justificativa para o tratamento de dados pessoais. *Lexmachinae*, 2 ago. 2019. Disponível em: https://www.lexmachinae.com/2019/08/02/interesse-legitimo-justificativa-tratamento-de-dados-pessoais/. Acesso em: 28 fev. 2020.

SOARES, P. S. C. A questão do consentimento na Lei Geral de Proteção de Dados. *Conjur*, 11 maio 2019. Disponível em: https://www.conjur.com.br/2019-mai-11/pedro-soares-questao-consentimento-lei-protecao-dados. Acesso em: 28 fev. 2020.

UNIÃO EUROPEIA. *Article 29 Data Protection Working Party*. Opinion 05/2014 on Anonymisation Techniques. Adopted on 10 April 2014. Disponível em: https://ec.europa.eu/justice/article-29/documentation/opinion-recommendation/files/2014/wp216_en.pdf. Acesso em: 28 fev. 2020.